畫人測驗的實作與解讀

朱錦鳳 著

目次 Contents

自序 Preface

世界許多歷史悠久的國家、地區，尤其像中國和埃及都擁有人類古文明，其先民留下來給世人最寶貴的文化資產莫過於文字，然而文字的起源是由繪圖演化而來，例如象形文字，證明人類是先學會繪畫然後才會書寫。你我每個人都經歷過塗鴉的階段，而塗鴉是人類內心想法的一種體現，它所蘊含的意義，就是一種內在的投射作用。人類繪圖的一橫一豎，或輕或重，或小或大，或恭謹或隨興，甚至繪圖的過程，無不顯示了繪圖者內心所潛藏的密碼，或大腦所刻畫的痕跡。早在二十世紀初，就陸續有許多心理學家深入研究繪畫的功能，迄今已有相當的歷史和基礎，且促成了繪圖在臨床診斷及治療的運用，繪圖不僅是藝術治療中的一種介入方式，繪圖也常被不同理論取向的諮商實務工作者運用。

筆者鑽研畫人測驗多年，除參酌國外、國內文獻外，也親身進行數千個個案研究、分析、解釋，而印證出畫人測驗確實具有相當高的評量價值，且發現人物繪畫深藏著某些臨床上重要的徵兆，尤其令筆者驚訝的是，畫人測驗竟然可以發現許多受試者表面偽裝下潛藏於內心深處的真實自我。

畫人測驗不受場地限制，隨處可測，沒有題本，只需提供一枝鉛筆、一張白紙、一個橡皮擦，再加上簡單的指導語，即可引導受試者「畫人」。然而在受試者繪畫的過程中，主試者最好仔細觀察受試者的一言一行、一舉一動、擦拭次數、描繪速度及交談內容等，這些都可作為分析、解釋的輔助指標。

本書不僅提供臨床治療師、心理諮商師作為與案主建立良好關係、快速切入問題的有效工具。投射性畫人測驗更是一個非常精緻且敏銳的衡鑑工具，不僅可應用在學校諮商輔導，篩選一般大學生的情緒及適應問題，更可幫助企業老闆及／或其人事主管，透過專業訓練，在人才甄選或人事派遣等方面發揮驚人的功能。

總之，畫人測驗是一個很值得繼續發展的心理評量技術，中、西方在這方面的研究特性差異並不大，只是國內使用畫人測驗的研究及應用都極為少見，非常可惜。筆者編寫本書融合了多年教學研究輔導及實地施測畫人測驗的心得，惟因倥偬教學，費時三年始編輯成書，雖經數次校稿始行付印，謬誤恐在所難免，尚祈先進不吝指教，以利勘誤。本書得以付梓，尚得力於林亦彬先生之協助校稿、掃描及編輯圖檔、插圖等，特此一併感謝。

朱錦鳳 謹識

導言 Introduction

達文西所畫的蒙娜麗莎畫像，是法國羅浮宮館藏的珍貴名畫，畫中蒙娜麗莎美麗迷人的微笑傾倒眾生。神秘的蒙娜麗莎除了以其微笑著稱，畫中人物的眼神也相當獨特。無論你從正面哪個角度賞畫，都會發現蒙娜麗莎的眼睛直視著你，這使人感到蒙娜麗莎的眼睛彷彿是活的，會隨著你的視角遊走，並投以迷人的微笑。然而這一幅畫像卻也是許多人極感興趣的話題，覺得這幅畫似乎隱藏了許多待破解的密碼，包括神秘微笑的背景有許多達文西生平軼聞和未被解開的秘密……畫中有「畫」，畫中有「話」。

繪畫是人類最早表達思想的方式

Oster 和 Gould（1987）指出人類是先學會繪畫然後才會書寫，每個人都經歷過塗鴉的階段。繪圖在臨床診斷及治療的運用，已有相當的歷史和基礎。繪圖不僅是藝術治療中的一種介入方式，也常被不同理論取向的諮商實務工作者運用。因此，繪圖具有的評量及治療效果是心理臨床和諮商專業所共同肯定的。

繪畫代表人的想法和情感

人們透過繪畫的過程，可以協助他人更了解自己，因為繪畫可將自己有關過去、現在或未來的想法、感受表達出來，也可以促進自我了解。即使自我內在的想法、情感可能會在意識中抗拒或被壓抑、阻礙，但透過繪圖創作的過程，可以毫無防備地表達，進而釋放自己的情感、修通內在的衝突。

繪畫是人與環境的互動

當人們利用鉛筆、蠟筆、黏土……等藝術媒介進行創作時，他們就正在進行一種表露性、體驗性和遊戲性的活動，而且這樣的過程是充滿創意和象徵的，這些圖畫的內容都是他們的故事或故事的一部分。人們在創作的過程是將他們在環境中，以及和環境的互動，以視覺的方式呈現在畫面上。他們可以透過藝術媒介去探索他們知覺中的環境變動（Geldard & Geldard, 1997）。

繪畫是潛意識的投射

畫人與內心世界具有微妙的連結，一個人在畫人的時候，不知不覺就把潛意識投射到畫作裡。這完全無關會不會畫或畫得好不好，除非不想畫或抗拒畫。基本上，投射測驗就是以非結構的測驗內容型態呈現，目的在反映受試者的潛意識狀態。尤其針對年輕人而言，無論是畫畫或看圖說故事都是絕佳的投射測量方式。

繪畫可以作為心理測驗使用

繪畫早在一世紀前就被當作心理測驗使用。國外有許多研究者針對繪畫有諸多的探索，其中最普遍被使用的主題就是畫人和畫房、樹、人，也就是目前人稱的「畫人測驗」或「房樹人測驗」。心理學家也發現繪畫不僅能當作心理測驗使用，它對某些臨床個案還具有治療的效果，這也是近代藝術治療的由來。

1

畫人測驗

畫人測驗的起源

繪畫密碼是一門非常有趣的學問，西方國家很早就有人從事這項研究。畫人測驗最初作為一份非語文的跨文化智力測驗使用，主要目的在評估智能不足的兒童。1926 年 Goodenough 是第一個正式將繪畫技術發展成心理測驗，Goodenough 建立的量化計分系統是以是否有畫到人物應該具備的 14 個部位作為計分標準，例如，有沒有畫臉部、腳部、手臂、身體、頸部、眼睛等。

畫人測驗的假設前提

Swenson（1968）曾說：「身體形象是一幀照片？或一段自我描述的語言？身體形象是個人的外表和其自我概念互動的結果？或某種不同的東西？或是這些東西的綜合體？這個問題，當然是沒有答案的。」因此，自我的投射不應被狹窄地定義，它可能是受試者的真實我、理想我，或害怕變成的我，或者只代表周圍環境中對他人的知覺。畫人測驗的解釋結果是否有效完全決定於受試者有無將潛意識中的自我投射出來。

畫人測驗的量化計分系統

Harris（1963）為了測量到兒童更精準的IQ分數，將Goodenough的 14 項計分，增加修正為 73 個評分項目，稱為 Goodenough-Harris 計分系統，其評分的部位劃分得更細膩，例如，頭部又細分為眼睛、鼻子、嘴巴、額、顎等。

1977 年日本小林重雄根據 Harris 的計分方式，並配合其文化及研究，精簡修訂為包含 50 個項目的量化評分系統，主要目的也是在評量兒童的IQ。

1988 年 Naglieri 將 Harris 的計分方式精簡為 14 大項，每大項又包含數個等級計分的小項，共計 64 個計分項目，主要在評量兒童的IQ。例如，手臂：有沒有畫、描繪的輪廓、比例、有沒有連結處、是否加分等。

國內也有學者對畫人測驗做探索。邱紹春於 1997 年結合了國外學者的計分方式及本土文化的特性，編製了《中華畫人測驗》的量化計分系統，主要也是評量兒童的 IQ。

大部分的量化計分系統幾乎都在評量兒童的 IQ，以篩選出智能不足的個案，除了 1991 年 Naglieri 為評量情緒困擾所發展的 SPED（*Screening Procedure for Emotional Disturbance*）量化計分系統例外。Naglieri 發展的 SPED 共計 55 個計分指標，例如圖形偏高、圖形偏小、圖形歪斜等。

畫人測驗的整體解釋系統

1949 年 Machover 是第一個根據投射測驗理論，將畫人技術拓展成測量情緒困擾的測驗。Machover（1949）以臨床觀察和直覺的判斷發展出許多假設。例如，她推測圖畫的大小和自尊有關；也推測圖畫在紙張上的位置可反映個案的情緒狀態及社會取向。Machover 將畫人測驗融入投射技術使用，並用來偵測個案的情緒障礙及適應不良，從此以後許多臨床工作者就開始將畫人測驗作多樣性的探索。

Maloney 和 Glasser（1982）就根據 Machover 的投射性畫人測驗建立九個適應不良的整體解釋指標，例如，頭部簡化、身體簡化、圖形遺漏、人物扭曲等。

1974 年 McLachlan 和 Head 的研究發現畫人測驗的整體分數和改編過的 Halstead-Reitan 之器質性量表有關，因此將畫人測驗用在腦傷的評鑑。也因此 McLachlan 和 Head 發展了一套畫人測驗的器質性損傷指標，例如，圖形不平衡、連結薄弱、身體扭曲等五個指標。

1984 年 Oas 將畫人測驗用在評估衝動的特質，而發展出衝動的指標，例如，完成的時間快、內容具攻擊性、漏畫特定部位等 13 個指標。

1981 年 Ottenbacher 的研究也發現畫人測驗的整體分數和自我概念量表分數有關。1994 年 Van Hutton 的研究和同年 Waldman、Silber、Holmstrom 和 Karp 的研究也都支持畫人測驗的整體分數和曾遭受性虐待的指標有關。

1984 年 Kahill 一篇回顧畫人測驗的研究指出，雖然大部分來自特定的圖畫層面（眼睛、耳朵、線條輕重……等）的假設很少獲得支持，但對整體繪畫的解釋或整體品質的評分，與個案的適應程度的確有關（Maloney & Glasser, 1982; Shaffer, Duszynski & Thomas, 1984）。

其他回顧的文獻也建議，畫人測驗若以單一特徵解釋很難得到驗證（Kahill, 1984; Roback, 1968），以整體品質解釋才是最能評估心理功能的重要指標（Shaffer, Duszynski, & Thomas, 1984）。

本書的整體解釋系統

筆者自 2003 年開始探索畫人測驗，並針對一般人的人格特質作連結。過去畫人測驗的計分系統大多應用於臨床個案，但筆者試圖將好用的畫人測驗應用於一般人之人格特質的評量，尤其期望能對學校及工商團體有所幫助。投射性畫人測驗的最大優點就是受試者不容易作假，因此無論配合學校諮商輔導篩選問題學生或針對企業機構員工甄選都是絕佳的工具。以下是筆者發展的畫人測驗解釋摘要表，可分整體及部位的意義。

表 1　畫人測驗的整體意義

整體	意義
圖形大小	大：自尊、表現、企圖心、主見、膽識、自我、決斷力 小：自卑、退縮、消極、人際疏離
精細程度	高：重視細節、社會成熟度高、具藝術創意、實際、感性 低：不拘小節、不在乎別人的評價、缺乏社會性、理性、率性
筆觸輕重	重：壓抑、焦慮、強迫、固執 輕：容易改變、適應不良、缺乏自信、無所適從
線條品質	佳：自我約束、責任、謹慎、要求完美 差：自由、彈性、隨興、不喜束縛
整體比例	佳：自我功能佳、邏輯思考、現實感 差：自我功能差、適應差、現實感差、腦傷

表 2　畫人測驗的部位意義

部位	意義	細部
頭部	人際關係、社交技巧、親和力、社會互動、同理心	眼睛：同理心、善解人意 嘴巴（牙齒）：口語能力（口語攻擊）
身體與姿勢	身體：自我功能、情緒狀態、現實感、適應狀態 姿勢：自我與外界互動的模式和關係、自我與他人的態度	劇情、場景：情緒、衝動 背面：逃避、不能面對現實 側面：自我意識強 手舞足蹈：情緒問題
裝飾	自我形象、物質的需求及渴望、價值觀、個人風格	修飾：重視形象、對外界包裝的自我、現實感高 特色：對物質的慾望、價值觀、個人風格

如何引導畫人

雖然畫人測驗施測方法有很多種，但最適當的施測方法仍要視衡鑑目的和臨床工作者個人偏好而定。畫人測驗的指導語通常都很簡短，這有助於保持情境的模糊性，進而增加受試者將性格投射到繪畫上的可能性。

個別或團體施測

基本上，畫人測驗可個別施測或團體施測，但個別施測的觀察過程可使結果解釋的精確度比團體施測增加很多。例如，個別施測可觀察受試者先畫男生或先畫女生、先畫頭部或先畫身體、擦拭次數多寡、完成時間快慢、是否重畫、停頓時間等等。如果是團體施測，必須請受試者註明年齡、性別及完成的時間。

繪畫技巧不影響畫人測驗的結果解釋

如果您曾造訪法國古堡，觀賞數幅中古世紀的人物畫，將會驚嘆畫裡的人物栩栩如生，或立、或坐、或臥，姿態自然且優美，有些仕女畫甚至讓人覺得她們凝脂般的肌膚簡直吹彈可破。這些畫家或許是現場臨摹模特兒，所以能抓住畫中人的特徵、表情、姿態，畫出相當逼真的效果，感動賞畫的人。

畫人測驗並不需要像這樣臨摹的畫作，反而是愈隨意、隨興、直覺的愈好。畫作所投射的是受試者潛意識的需求我、期望我、害怕我或無關我。

很多人都會好奇畫人測驗是否因受試者學過繪畫技巧而受影響？答案是：不會受到影響。多半學過繪畫的人，他們的藝術天份可能比較好，但畫人測驗的重點在於受試者選擇呈現的人物及內容，而不是繪畫的技巧。筆者曾經針對畫家或美術系的學生作過探索，結論是畫人測驗不會因受試者的繪畫能力而影響其結果解釋。

畫人測驗施測步驟

施測的標準化過程對心理測驗的信、效度有關鍵性的影響。一致的指導語將有助於標準化的施測過程。畫人測驗的施測方式如下：

主試者拿給受試者一張 A4 白紙、一枝 HB 鉛筆和一個橡皮擦，並說：

「這裡有一張白紙，你可以拿橫的也可以拿直的，現在請你在這張紙上畫一個男生和畫一個女生，可以先畫男生也可以先畫女生，盡量從頭畫到腳，畫好一點，沒有時間限制。」

畫好後要求受試者在紙上註明姓名、性別、年齡或年級、施測日期。

若為團體施測，請主試者加註完成時間及施測過程中任何相關的行為紀錄，例如，受試者的焦慮、猶豫、衝動、防衛、不安或異常行為等等。

畫人測驗範例

下面這一幅畫，試試看你是否能瞧出一些端倪？

這張畫，您多少能感受到繪畫的人其內心正洋溢著……吧。

其實，當我們在欣賞一幅畫時，只要稍加駐足，仔細瞧瞧，受試者所要表達的是什麼？試著了解圖畫的意涵，融入受試者的「內心世界」裡，你可能會被人物觸動一些感覺，或許只是會心的一笑，然而這也許就是受試者想要表達的內心世界。換言之，我們可能透過圖畫內容的表現或人物的情境背景，從圖畫中解讀受試者想要表達的意念，和這圖畫所蘊含的心靈需求，進而推測受試者的情緒狀態及性格特質。

2

解釋的注意事項

不同年齡解讀不同

由於不同年齡層所透露的自我訊息不同，人物繪畫解釋標準亦有差異，因此單一的量化計分系統無法有效適用於不同年齡層及不同性別的受試者。換言之，任何單一的效度實證結果都可能會因樣本背景而產生偏誤，視受試者背景而作的解釋調整是有其必要的，但其解釋的精確程度就和解釋者的歷練及實務訓練有直接的關聯性。

就年齡層而言，無論在情緒表現、人格特質、性別認同或職業型態，20～30 歲的成人在畫人測驗所透露的訊息都是最完整充分的。因為這個年齡階段的受試者，無論在社會成熟度、認知能力、情緒狀態、人際關係、情感模式及人格特質的發展都趨於穩定，對自我的定位、角色扮演及追求目標也漸趨清晰，因此測驗結果解釋最具預測性。

要特別提醒的是，針對 10 歲以前的兒童，他們畫人時經常描繪的是周遭接觸的人、事、物，可能是卡通裡的人物，也可能是長輩、親友等。因此當假設他們畫的人物就是投射潛意識的自己時要特別留意。尤其當男生畫女生的角色時，經常投射的是媽媽的角色。換言之，畫人測驗針對 10 歲以前的兒童，對他們的人格特質、情緒狀態或性別方面的解釋，會與成人的解釋有所差異。

不同性別解讀不同

整體而言，從小學到大學，女生平均畫得比男生精緻，線條品質也較佳。以實際情況來看，女生的確普遍比男生自我約束強、行為表現好，無論在情緒穩定、社會適應或社會成熟度方面普遍都比男生強。因此，當解釋男生和女生的畫人測驗結果，應適當調整男女性不同的標準。

不同發展階段的繪畫透露不同的意義

當個體經歷不同的發展階段，繪畫也會隨著產生變化。國小兒童的人物畫大多代表他們周圍環境中接觸到的人物知覺，解釋以線條品質、人物大小及精細程度為考量重點，主要可評量他們的社會成熟度和認知能力的發展成熟度。而小學生人物呈現的方式、陰影、怪異，可反映他們情緒方面的線索。

Saarni 和 Azara（1977）發現青春期男性經常出現較極端（強壯的肌肉、霸道的表情）、較具敵意、攻擊性及怪異的繪畫特徵；而青春期女性的繪畫經常出現沒有安全感、情緒不穩的特徵，圖畫也較含糊和幼稚。因此，對青少年的畫人作解析時須將這些特性列入考慮，解釋方向和有這些特徵的成人繪畫是不同的。

筆者發現國、高中的青少年，其人物畫大多缺乏自信和壓抑、退縮，通常可由畫人測驗看出他們的社會成熟度、情緒穩定度和性別角色發展的成熟度，但由於他們正值青春期階段，因此針對人格特質及情緒狀態的評估，其準確度不像大學生來得精確、穩定。國中男性的人物畫有較多的攻擊特徵，女性則有較多的幻想特徵。

大學生和新進職場年齡階段的人物畫，能呈現最多樣性的情緒及性格特徵，因此能最有效評估他們各方面的表現，如認知潛能、人格特質、情緒狀態、適應情況、社會成熟度、適配的職業、性別角色認同等。

Gilbert 和 Hall（1962）指出老人容易出現較原始、簡化的繪畫，但對大學生而言，簡化代表適應不良，因此若以適應不良指標來解釋老人的繪畫就會產生很大的誤差。年紀越大的成人，如 50 歲以後，其人物畫開始簡化，完成速度較快，現實感及自我防衛也較多，異性需求開始遞減，但仍可看出他們的自我功能。

老人的畫人解釋偏重線條品質及精細程度，可反映他們退化的程度、價值觀和器質性功能。筆者發現老人的人物繪畫確實出現回歸原始且缺乏性別角色的現象。

不以細部解釋下結論

雖然後面章節分別討論單一細部，如頭部、眼睛、手部、側面、陰影等，所代表不同的特殊意義，但畫人測驗任何以單一細部的表徵而作的解釋都是大膽而且危險的，綜合整體印象式的判斷及解讀應該是比較妥當的方式。

畫人測驗是否有效，要視受試者是否在誠實、直接、立即、無保留、無防衛、無污染的情況下作答。最常見的誤判因素就是自我防衛，而自我防衛是最難察覺的線索。

換句話說，畫人測驗的單一特徵解釋雖然有其意義，但會因為受試者的年齡、性別差異而有不同的標準和含意。因此，解釋者要特別注意最好以整體畫人圖像作解釋，而不要太依賴單一的部位特徵，否則會使解釋過於僵化而影響其準確度。

觀察的重要

畫人測驗的繪畫過程可提供許多重要的資訊。無論是個別施測或團體施測，主試者都要盡可能地觀察受試者的繪畫過程。例如，有些受試者會思考許久才開始畫，有些人會不斷擦拭，有些人會喃喃自語說不會畫，有些人則抗拒不畫；有些人畫很久，有些人則畫很快，這些繪畫的過程對結果的解釋都非常重要。

換句話說，個別施測畫人測驗時，由於施測者可詳細觀察到受試者的繪畫過程，因此結果的解釋會比較精確；而團體施測雖缺乏觀察的線索仍可作有效的篩檢。但有時候個別施測也會帶給受試者比較大的壓力，因此針對有焦慮特質的受試者，可能會因此而畫出與平常不同的人物輪廓，或畫出自我防衛的簡化人物。

另一個觀察的重點是主試者要注意受試者先畫哪一個性別。由於本書畫人測驗的指導語是「主試者要求受試者畫一個男生和畫一個女生，可以先畫男生也可以先畫女生，盡量從頭畫到腳，畫好一點。」因此當男生先畫女生時多半表示重視女性或具有女性特質。當女生先畫男生時可能有兩種意義，一種是重視男性的意義，另一種可能是遵守社會規範的意義，因為主試者先說畫一個男生。而如何判斷到底是哪一種意義才正確，就得靠主試者的觀察或作適當的提問來確定了。例如詢問受試者覺得自己比較喜歡那一個人物等。

提問的重要

無論是個別施測或團體施測，畫人測驗結果解釋時，如果能有機會與受試者互動、溝通，有不確定的問題就可藉此澄清，這樣可使解釋及判斷更精確，還可同時與受試者建立關係，並觀察他的回答及反應。例如，女性受試者先畫男生，或男性受試者先畫女生，或團體施測時不確定受試者先畫男生或女生，這時都需要澄清，否則會解釋錯誤。

畫人測驗的解釋前提是，受試者畫的，與自己相同性別的人物代表自己，因此解釋者以其描繪的大小、輕重、修飾、內容，來推論受試者的內心世界及潛意識需求。但假如一個男生覺得自己比較像他畫的女生角色，或一個女生覺得自己比較像她畫的男生角色時，解釋者若事先未釐清，就會假設錯誤而導致錯誤的推論。為避免錯誤的推論，解釋前的提問就顯得格外重要。

注意負面解釋

任何心理測驗都可能因受試者個人因素，如身體不適、心情不佳、環境干擾等，而產生誤差的表現；也可能因為主試者的個人因素，如種族、外型、長相等，而影響受試者的防衛動機。尤其針對投射測驗而言，更容易因為解釋者對評量技術的熟悉度及判斷經驗而產生較大的解讀不一致，因此當遇到負面的解釋時，應保留更大的探索空間而不要太武斷。

當解釋者尚未充分了解受試者的背景、身心狀況或立場時，千萬不要假設受試者能承受任何負面的結果。有時候，一個看似沒有傷害性的解釋，可能會使一個人的生命從彩色變黑白、從友善變敵意、從樂觀變悲觀。尤其針對偏主觀解釋的畫人測驗，解釋者應盡可能學習累積足夠的判斷經驗後再嘗試為他人解釋結果。

3

畫人的解讀及範例

畫人的解讀所掌握的技巧，除了融會各個學者專家所研究歸納的主要特徵所代表的意義以外，尚須根據實務經驗所領會、實證出的結論去判讀解析，不過每個人所畫的圖形不能只觀察其中一部分，必須綜合各方面來解析，才能符合受試者的實際狀況。

本書畫人的解讀主要是依據筆者發展的整體解釋系統而得，請參考前面「畫人測驗」章節。

引導受試者畫人時，有些人很隨性，有些人可能會猶豫或自我壓抑。在自然的情境下由受試者願意呈現自我而作畫是最為理想的，協助受試者放鬆心境常常也是一種很好的作法。

圖畫的大小

畫人的大小代表受試者的本我及自尊，也反映了受試者想要凸顯或表現自我的意圖、希望外界看見自己及展現自我能力的程度。

畫大

一個人畫人的圖形愈大表示自信心愈強，能力及行動力都愈好，愈獨立自主，問題解決能力也愈強，不會想依賴他人。畫人圖形偏大的人適合當領導人、企業老闆或公司主管，有自己的想法與主見，做事及作風都比較強勢，不喜歡順從或配合別人，喜歡獨當一面。

這是八年級女生畫的，這張圖的人物偏大表示有自信、有理想、樂觀、有領導能力。
整體繪圖品質佳，表示自我要求高、成就需求也高。服飾修飾多，表示聰明、重視細節、社會成熟度高。
強調頭部及眼睛，表示重視人際關係、善解人意、重感情。有畫耳朵，表示重視別人的評價。
由男、女生的服飾樣式來看，喜歡開朗、活潑的男士，而本身是一個成就需求高、遵守社會規範的女生。

這是21歲女生畫的，這張圖的人物偏大表示有自信、有能力、行動力強。頭部比例大表示重視人際關係。從頭到腳很完整表示有責任感。女生腳上穿夾腳鞋、褲裝、提袋表示能吃苦耐勞但不喜歡太拘謹嚴肅，屬於務實型的人。服裝修飾多表示社會成熟度高。整體繪圖品質佳、無雜線表示自我要求高、做事仔細。女生畫得比男生偏小表示願意服從權威。強調耳朵表示很在意別人對自己的評價。

這是 21 歲女生畫的，這張圖的人物偏大表示有自信、有理想。簡化眼睛，表示人際技巧不佳。
大嘴巴表示個性開朗、樂觀。兩手張開表示容易信任他人，
但手、腳的描繪比例太短，表示自我才能沒有發揮，尤其腳部簡化，表示自我肯定不佳。
整體服裝修飾偏向拘謹、傳統，表示容易壓抑自己去符合社會期許。
整體繪圖品質不差、表示社會適應良好、自我要求不錯。
女生頭髮陰影比較多、有擦拭，表示有些情緒不穩，主要來自人際的困擾。

這是 22 歲女生畫的，這張圖的人物偏大表示有自信、有理想。從頭到腳很完整表示做事有責任感。
兩手張開表示容易信任他人，但手的描繪比例有些太長，表示掌控性較強。
強調頭部及眼睛屬於社會型的人，重視人際關係。服裝修飾適當表示社會成熟度高，具有女性特質。
整體繪圖品質佳、無雜線表示自我要求高、做事仔細。

這是大三女生畫的，這張圖的人物大表示有自信、有理想、有女強人的傾向。
強調眼睛，表示重視人際關係、善解人意、重感情。
服飾修飾不多，表示不拘小節。有畫耳朵，表示重視別人的評價。
腳的比例較小，表示缺乏頂天立地的氣魄。
男生外形有點像女生，表示對男生的了解不深入。
側面視線，表示有自己的主見，不容易聽從別人的建議。

這是大一女生畫的，這張圖的人物大表示有自信、有理想。
整體繪圖品質佳、重複線較多，表示自我要求高、有壓抑及憂鬱的傾向，
做事一板一眼、循規蹈矩。強調眼睛，表示重視人際關係、善解人意、重感情。
服飾修飾多，表示重視細節、社會成熟度高。
有畫耳朵，表示重視別人的評價。
由男、女生的服飾樣式來看，喜歡穩重成熟的男士，
而本身是一個具備女性吸引力的人，重視物質的價值。
女生畫得比男生小表示她欣賞能力強、有成就的男性。

這是48歲女性畫的，這張圖的人物大表示有自信、有理想、樂觀。
強調頭部及眼睛，表示重視人際關係、善解人意、重感情。
由男、女生的服飾樣式推測，她喜歡穩重、成熟、溫柔的男士，
而本身也是一個心境年輕、感情豐富、有女人味的女性。男女牽手表示正處戀愛中。
簡化腳部，表示缺乏頂天立地的魄力，做事有一頭熱、虎頭蛇尾的情況。

這是 21 歲女生畫的，這張圖的人物很大，幾乎占據了整張紙面，
表示有自信、有能力、行動力強。從頭到腳很完整表示做事負責。
但服裝沒有太多修飾因此對人的敏感度不足。強調眼睛表示屬於社會型的人。
整體的品質普通、完成速度快表示做事比較性急、不拘小節。
女生畫得比男生大表示獨立自主、女強人。口部張開表示喜歡說話、開朗、樂觀。

這是碩一女生畫的，這張圖的人物偏大表示有自信、有理想、成就需求高。
整體繪圖品質佳、無雜線，表示自我要求高、自我約束也高。
由男、女生的服飾樣式推測，她喜歡穩重、成熟、專業的男士，
兩性角色發展成熟、社會成熟度高。
上班族穿著表示適合從商。

畫小

畫人偏小的受試者在人群中比較退縮，缺乏自信心，需要他人的肯定，不喜歡表現自己，經常以別人的意見為主，自我成就的需求比較薄弱，甚至有害怕、自卑、消極的傾向。畫人圖形小的人不擅長社交也不積極與人互動，對生命缺乏積極及熱情的態度，沒有太大的理想，也沒有雄心壯志。

這是 24 歲男生畫的，這張圖的人物偏小，
表示有人際退縮的傾向、不喜歡表現，
但需要他人的鼓勵和肯定。
雜線很多表示經常有情緒的困擾。
兩個人的間隔距離偏大，表示有人際疏離的問題。
男生的服裝修飾偏酷，表示內心尚有許多熱情和理想，
但缺乏膽量去實現。

這是22歲男生畫的，
這張圖的人物很小表示缺乏自信、消極、退縮、人際關係不佳。
簡化四肢表示不清楚自己的價值、做事敷衍應付、生活渾渾噩噩。
人形簡化屬於適應不良的人。

這是26歲男生畫的，
這張圖的人物偏小，但有修飾、完成速度快，
表示沒有太多主見及理想、做事俐落、不喜歡領導或表現，
攻擊性不強，與人工作配合度頗高、合作性佳，適合當員工。

這是 16 歲女生畫的，
這張圖的人物偏小、畫在角落、但很多陰影而且有雜線，
表示有人際退縮、壓抑、離群的傾向，
還有情緒困擾的問題。
眼睛簡化表示人際技巧不佳。
手腳簡化表示自我才能無法發揮。

這是高一女生畫的，
這張圖的人物偏小，但有修飾、筆觸重、無雜線，
表示缺乏自信、有壓抑、退縮的傾向，
個性固執但自我約束高。
五官簡化，眼睛一直線、嘴巴張大，
表示人際關係技巧不佳，聒噪、有口語攻擊傾向。
手腳簡化，表示有無助感、自我功能沒有發揮。
圖形偏向角落，有離群的傾向。

這是高一女生畫的，
這張圖的人物偏小、品質不佳、身體簡化，
表示缺乏自信、有人際退縮的傾向、
現實感不足、社會適應不佳、自我防衛心強。
五官簡化，眼睛一彎線、嘴巴大開，
表示人際技巧不佳，但個性開朗。
手腳簡化，表示有無助感、自我功能沒有發揮。
男女外形不分，表示有同性戀傾向或男女角色不清。
圖形偏向角落，有離群的傾向。

這是高一女生畫的，
這張圖的人物偏小，但有修飾、無雜線，
表示缺乏自信、有人際退縮、害羞的傾向，但做事重視細節、自我約束佳。
五官簡化，表示人際技巧不佳。
手腳簡化，表示有無助感、自我功能沒有發揮。
圖形偏向角落，有離群的傾向。

這是九年級女生畫的，
這張圖的人物偏小，但有修飾、筆觸重、無雜線，
表示缺乏自信、有壓抑、退縮的傾向，
個性固執，但做事重細節、自我約束高。
五官簡化、強調眼睛，表示人際關係不佳，但重感情。
手腳簡化，表示有無助感、自我功能沒有發揮。
女生服飾修飾較多，表示重視形象、喜歡打扮、以自我為主。

這是碩一男生畫的，
這張圖的人物偏小、缺乏修飾、筆觸重、無雜線，
表示缺乏自信、壓抑、個性退縮、做事不重細節、固執，
自我約束不差，但社會適應不佳。
五官簡化，表示人際技巧不佳。
手腳簡化，表示有無助感、自我功能沒有發揮。
女生陰影較多，表示有來自女生的困擾。

圖畫的品質

所謂圖畫的品質是指描繪人形線條的整齊程度。畫人品質好的人通常沒有亂線或重複的線條，擦拭的情況不多，想好了才會下筆，完成的速度也不會太慢，很清楚自己想畫的人物模樣。通常他們描繪的人形比較接近真實生活中的人物實體。一般畫人品質好的人，繪畫筆觸適中，不會太輕也不會太重。

好的品質

畫人的品質代表自我要求、自我約束及與人應對進退的嚴謹態度。通常自我要求愈高、自我約束愈強、做事愈謹慎細心的人，其畫人的品質愈好。

畫人品質好的人做事有責任感、安分守己，與人應對進退良好，社會適應能力也好。

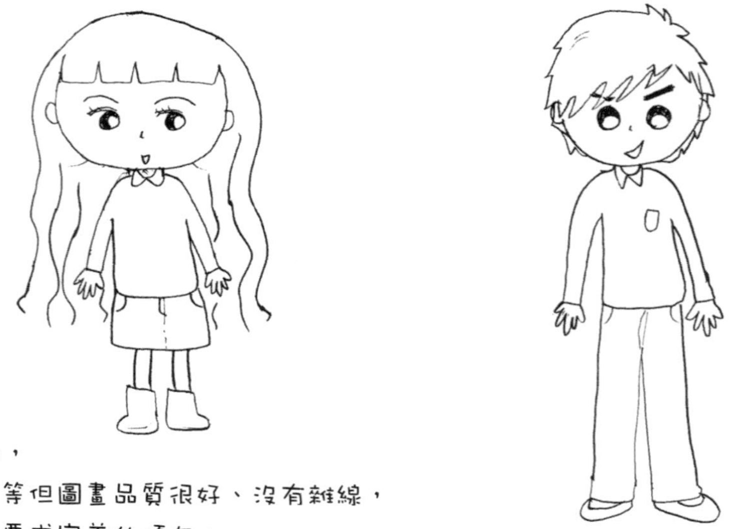

這是21歲女生畫的，
這張圖的人物大小中等但圖畫品質很好、沒有雜線，
表示自我約束強、有要求完美的傾向，
聰明、社會適應良好、情緒穩定。
兩手張開表示容易信任他人。
強調眼睛表示善解人意。
服裝修飾整齊、保守，表示遵守社會規範，
屬於好學生、好員工的類型。

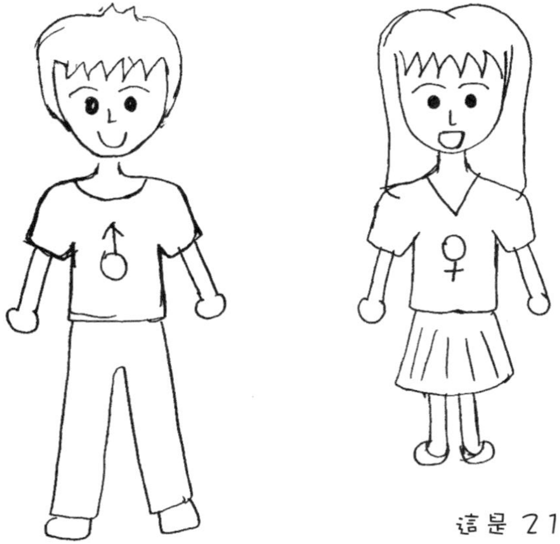

這是 21 歲女生畫的，
這張圖的人物大小中等但圖畫品質很好、沒有雜線，
表示自我約束強、自我要求也高、情緒穩定，
屬於順從的好太太、好員工的類型。
兩手簡化表示自我才能沒能充分發揮。
服裝修飾整齊表示遵守社會規範，
但可能會缺乏創意。

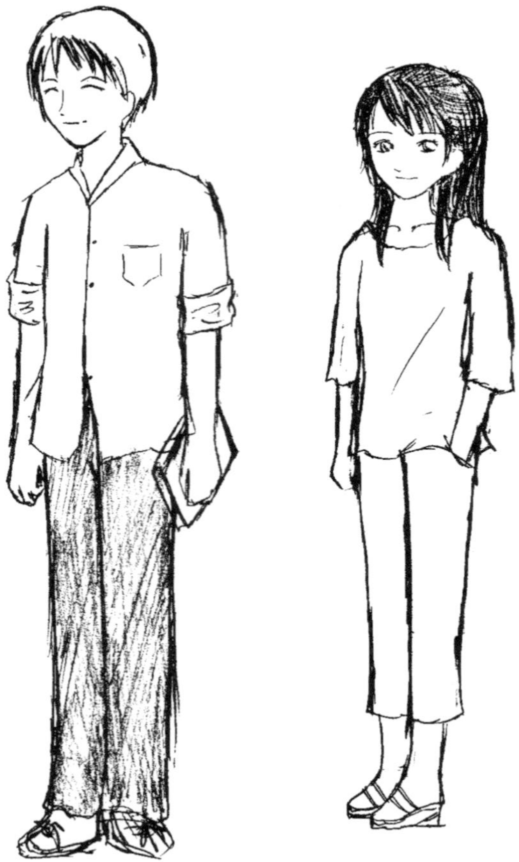

這是大二女生畫的，
這張圖的人物大小偏大、
圖畫品質佳、有陰影，
表示要求完美、做事重視細節、
社會成熟度非常高，
但有壓抑的情緒困擾。
先畫男生、服飾休閒、拿書，
表示重視男性的地位及價值、
喜歡成就需求高的異性，
但又不要太嚴肅、有壓力的伴侶。
女生衣著褲裝、方便俐落，
表示勤勞、能幹、做事小心、謹慎。
女生強調眼睛表示重感情。

這是 21 歲女生畫的，
這張圖的人物大小適中，而且圖畫品質非常好，但頭髮有陰影，
表示自我約束強、符合社會期許、有責任感、有要求完美的性格，
而且有來自人際的情緒困擾或有強迫症的傾向。
畫男生嘴巴露牙齒表示覺得異性幼稚不成熟、口無遮攔，經常損人。
強調嘴巴可能伶牙俐齒，經常有消遣或訓誡人的傾向。

這是大二男生畫的，
這張圖的人物大小偏大、圖畫品質佳、筆觸重，
表示成就需求高、要求完美，
但做事沒有彈性、有強迫或焦慮的情緒困擾。
頭髮有陰影，表示有來自人際的困擾。
男女服飾拘謹，表示價值觀傳統、是個循規蹈矩的人，
做事一板一眼、小心謹慎。
女生體型較大，表示尊重、順從女性的意見。

不好的品質

相對於好的品質，畫人品質不佳的人，他們不喜歡被束縛，也不喜歡一成不變的生活形態，個性有彈性、愛好自由、對新事物的接受度比較高。假使不好的品質伴隨著雜線出現則表示有不安全的感覺，自我約束較差，也比較多慮。

這是 21 歲男生畫的，
這張圖的人物大小偏小且圖畫品質不好、很多雜線，
表示自我約束不佳、自我要求弱。
男、女生牽著手但外型相近表示親和力強、
喜歡朋友陪伴，喜歡中性的女性。
簡化眼睛表示人際技巧不佳。

這是45歲已婚男性畫的，
這張圖的人物大小偏大且簡化身體、
很多輔助線，
表示邏輯性佳但自我防衛強，
不喜歡讓人了解自己的內心世界，
有挑戰社會規範的傾向。

這是 24 歲男生畫的，
這張圖的品質不好、很多雜線及陰影，
表示自我約束不佳、焦慮，
經常猶豫不決、思慮複雜，
有情緒困擾的問題。
只畫男生而女生塗改多次，
表示對女性有抗拒的情況。

這是 24 歲男生畫的，
這張圖的品質不好、很多雜線及陰影，
表示自我約束不佳，思慮複雜、有情緒困擾。
男、女生一上一下且外型相似，
表示自我中心強，喜歡中性、穩重的女性。
強調嘴巴而且手舞足蹈，
表示有口語攻擊、任性、衝動的傾向。
簡化眼睛表示人際關係不佳。

這是大四男生畫的，
這張圖的品質不好、很多雜線及陰影，
表示粗心大意、自我要求不高、
社會適應不佳、思慮複雜、有情緒困擾。
男生強調頭部、女生五官不清，
表示自我中心強、有掌控的傾向、個性粗擴，
對女生沒有太多的概念及興趣。
手腳簡化，表示在某方面有無助感，自我功能沒有發揮。

這是大二男生畫的，
這張圖的品質不好、很多雜線及陰影，
表示自我約束不佳、有適應的困難，思慮複雜、有情緒困擾。
圖形偏小、省略五官，表示缺乏自信、有人際退縮傾向。
先畫女生但男女生形體不清，表示有來自女生的情緒困擾，
或有同性戀傾向，對女生沒有很多的概念。
省略手腳，表示在某方面有無助感，自我功能沒有發揮出來。

圖畫的裝飾

圖畫的裝飾是指畫人的外型修飾，例如服飾、配件及修飾的精細程度。畫人的外型修飾通常反映了受試者與外界連結時，想要表現給周遭環境的一種自我形象和角色。這種形象可能是與眾不同的，亦或是平凡的，也可能是性感的、專業的、怪異的或凸顯自我的。

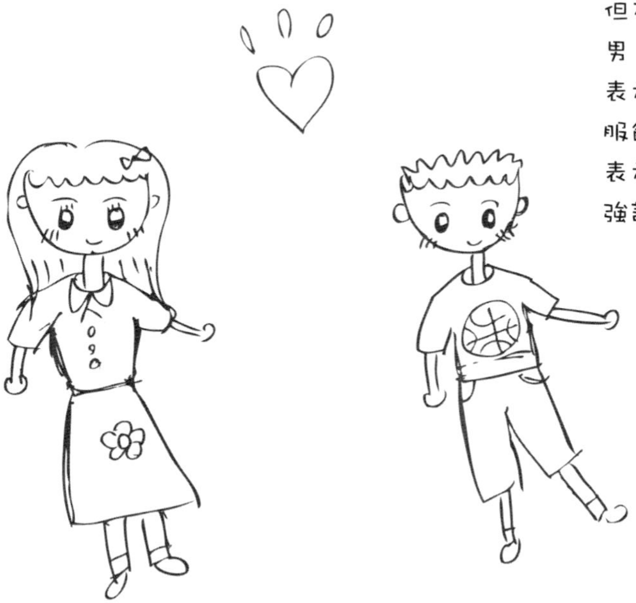

這是 21 歲女生畫的，
這張圖的大小適中、品質不錯但有些傾斜，
表示自我約束佳、自我要求高，
但有時情緒會不平衡。
男、女生中間有一顆心，
表示喜歡被關愛、渴望愛情。
服飾修飾多且傳統，
表示觀察敏銳度高、遵守社會規範。
強調眼睛表示重視人際關係、善解人意。

這是21歲男生畫的，
這張圖的整體圖形偏下，表示缺乏安全感。
頭髮有陰影，表示情緒困擾來自人際部分。
男、女生衣著成熟且各具特色，
表示兩性成熟度高、異性需求也頗高。
男生畫得比較前面且服飾表現酷，
表示有大男人主義的傾向且重視形象及外表，
有較多物質的慾望。

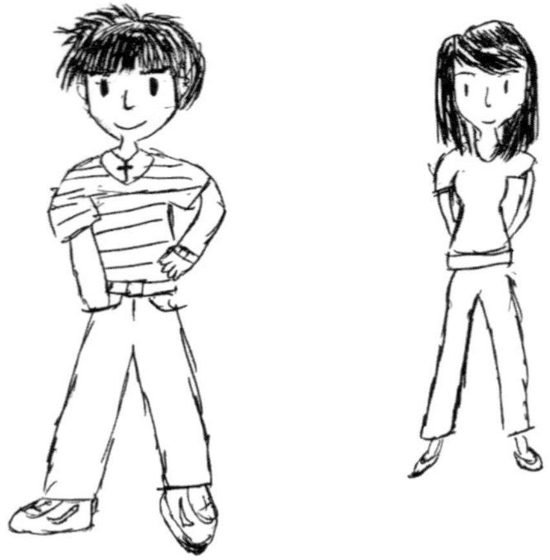

這是 18 歲女生畫的，
這張圖的大小適中、品質很好，表示自我約束佳、自我要求高。
服飾修飾精緻表示人際成熟度高、聰明。
男、女生服飾區辨清楚表示兩性成熟度高、異性需求高。
強調服裝的特色表示重視形象，有較多物質的慾望。
凸顯頭部表示重視人際關係，社會成熟度高。

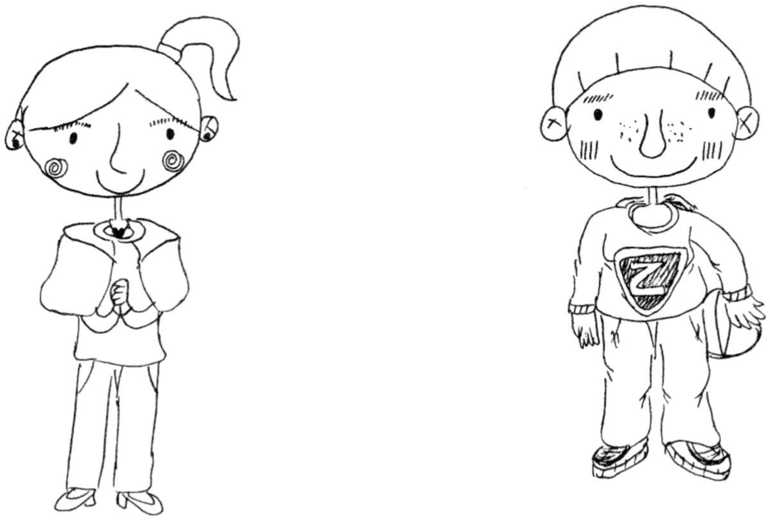

這是 18 歲女生畫的，
這張圖的大小適中、品質很好，表示自我約束佳、自我要求高。
服飾修飾精緻表示人際成熟度高、聰明。
男、女生服飾區辨清楚表示兩性成熟度高。
穿露肩裝表示異性需求高。
強調眼睛表示善解人意、重視感情。
手、腳的比例比較不適當，表示自我才能無法充分發揮。

圖畫的陰影

圖畫的陰影可反映一個人的情緒狀態。通常畫人圖形中陰影愈多表示不愉快的情緒也愈多。當陰影主要出現在頭部時，表示其不愉快的情緒主要來自於人際的因素。若陰影出現在軀幹時，表示其不愉快的情緒主要來自於自我功能的因素。若陰影出現在人形邊界的描繪時，可能會有鑽牛角尖、無助、壓抑或焦慮的情緒狀態。簡單而言，陰影就是著色、塗黑的意思。

這是大二男生畫的，
這張圖的頭部及影子有許多陰影，
表示情緒困擾嚴重且主要來自於人際互動。
手臂太長表示有掌控的傾向、
有無法解決的困難。

這是大三男生畫的，
這張圖的品質很好只是有許多陰影，
表示自我約束佳、社會成熟度高，
但有情緒困擾的問題。
女生頭髮有陰影，
因此情緒困擾可能主要來自女朋友。
服飾修飾精緻，
表示社會成熟度高、事業心重。
男、女生牽手而且女生服飾性感，
表示兩性成熟度高、異性需求高、
重感情、在戀愛中。

這是大三男生畫的，

這張圖的人物大小偏小、有陰影、筆觸重，表示缺乏自信、有壓抑及人際的情緒困擾。

服裝修飾精緻、華麗，表示人際成熟度高、重視形象，但太過理想化。

男、女生服飾區辨清楚且女性曲線明顯但男、女有間隔距離，

表示兩性成熟度高、異性需求高，但對女性又有害怕及抗拒。

這是44歲女性畫的，
這張圖的線條重複、雜線多、陰影也多、筆觸重，
表示對人仍有許多熱情及執著、
有強迫、憂鬱、多慮的情緒困擾。
頭髮有陰影、強調眼睛，
表示有來自人際的困擾、重感情。
女生形體較小、男女服飾適當，
表示她是一個順從、貼心的女性、
喜歡能幹且會保護女生的男生、
男女性別角色拿捏適當。

這是大二男生畫的，這張圖的大小偏大、陰影很多，
表示有自己的想法、思慮複雜，有焦慮不安的感覺。
女性圖形偏大有陰影、服飾中性，表示情緒困擾主要來自兩性關係。
服飾修飾精緻表示人際成熟度高、有物質慾望、重視形象。
男、女生服飾相似表示對同性感興趣，
對女生缺乏概念。

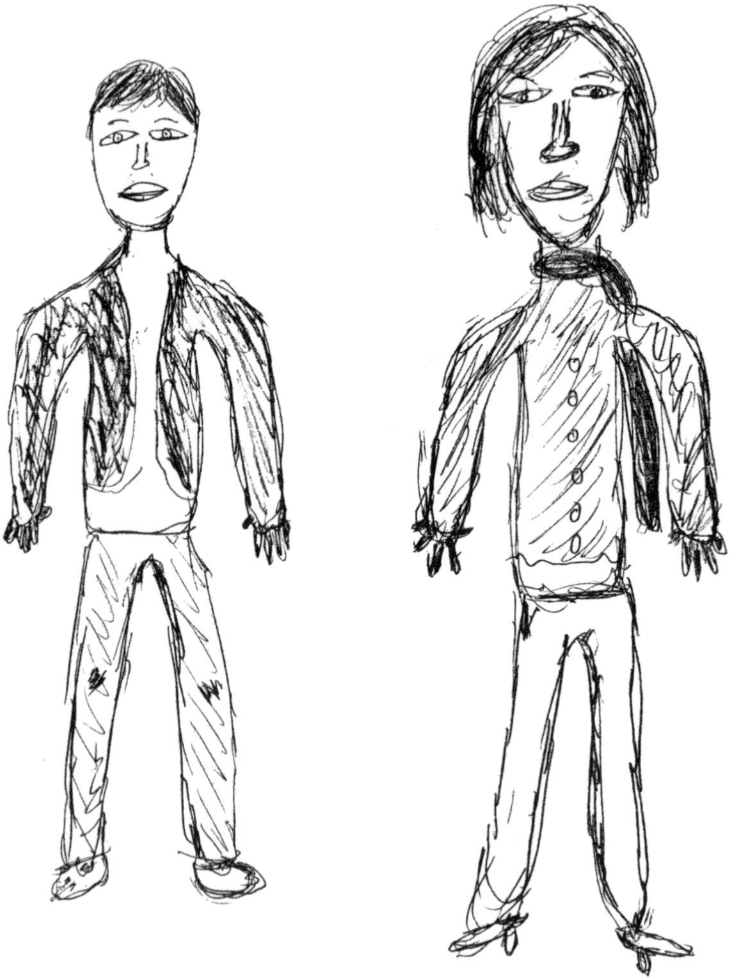

這是高二男生畫的，
這張圖陰影很多、品質不佳，
表示有不安、焦慮、多慮的情緒困擾，
自我約束不佳，有社會適應的困難。
男生強調頭部、省略五官、陰影很多，
表示有來自人際的困擾、缺乏自我肯定及認同。
女生圖形未完成，表示對女生有抗拒，
沒有太多概念及興趣。

筆觸的輕重

筆觸輕重是指畫人時握筆描繪輕重的程度。畫人測驗使用鉛筆施測的主要目的之一，就是可看出受試者的筆觸輕重。筆觸輕、重反映了人們的個性及特質，也反映了人們的意志力。

筆觸重

通常畫人筆觸愈重的人愈固執，別人不容易改變他的想法和意念。畫人筆觸愈重的人也表示他的主觀意識愈強、愈堅持己見，對事情的看法也愈執著。很多具有強迫性格的人，他們畫人的筆觸會比較重。畫人筆觸重的人其個性傾向壓抑、要求完美。

這是大學男生畫的，這張圖的大小適中、品質很好但筆觸很重，
表示過分要求完美，甚至有憂鬱或強迫的性格。服裝修飾精緻表示社會成熟度高、聰明。
女生服飾有顆心表示重視女性、需要異性的關懷。強調眉毛，表示對某些事情很固執。
手簡化而且腳的比例比較不適當，表示有急於擔負責任的想法。

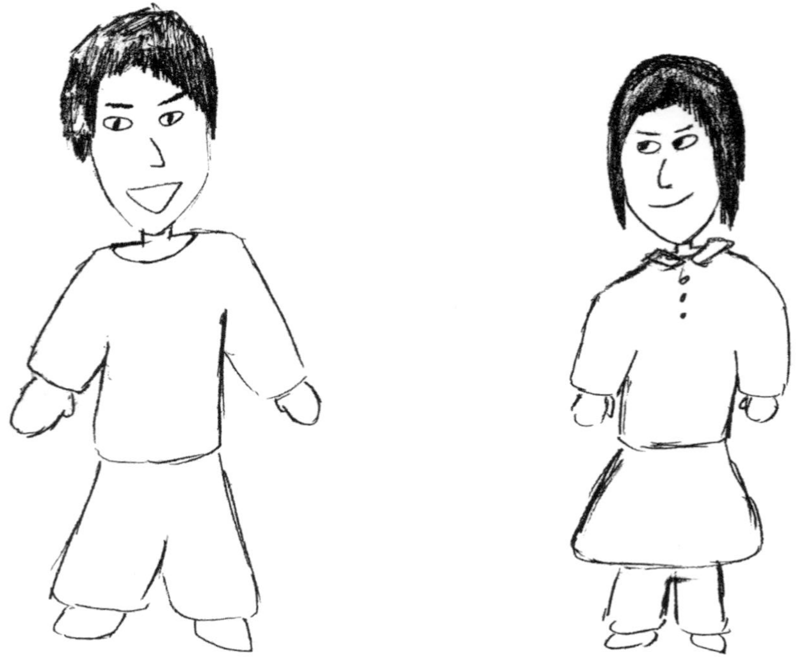

這是大二男生畫的，這張圖的大小偏大、品質很好但筆觸重，
表示有自己的想法，自我要求高，但有壓抑及焦慮的個性。
強調頭部且陰影聚集在頭髮表示情緒困擾來自人際互動。
手、腳有簡化的現象，表示有無助、無法解決困難的問題。

這是大二女生畫的，圖形偏大、筆觸重、品質佳、頭髮有陰影、無雜線，
表示有自信、有理想、固執、自我要求高、自我約束也高、負責任，但有來自人際的情緒困擾。
強調頭部、線條嚴謹，表示重視人際關係、遵守社會規範。
從頭到腳有畫完整、肩膀方正但手腳比例偏小，
表示做事有責任感但功能不佳、做事一板一眼、缺乏彈性。

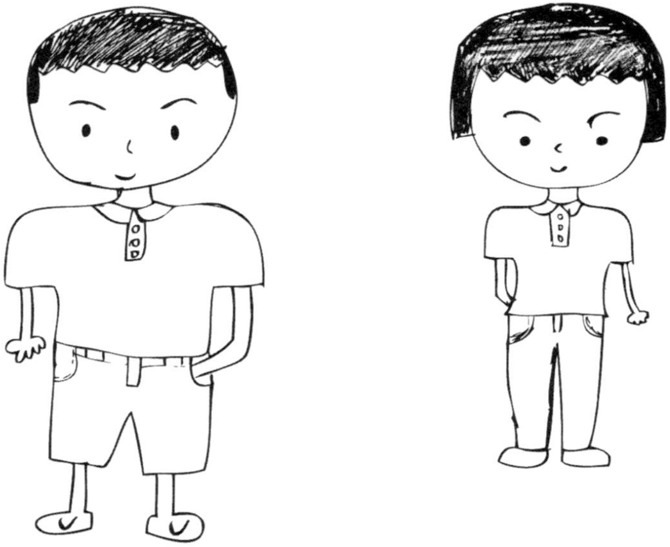

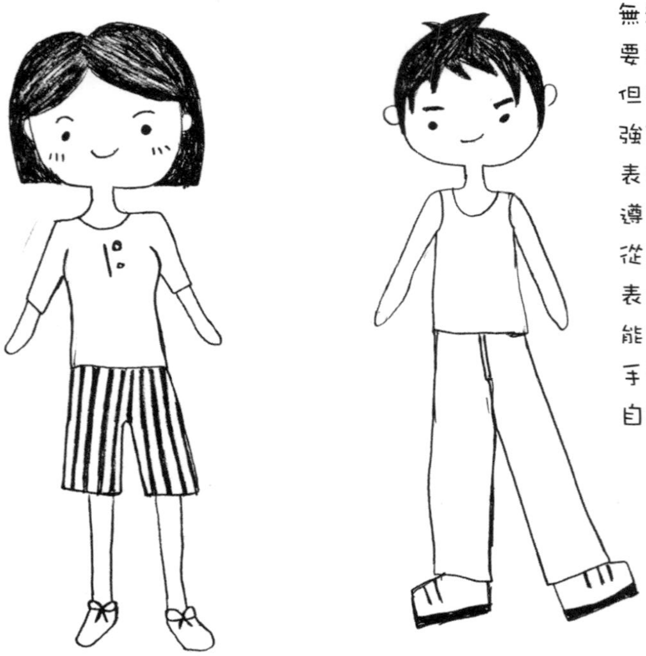

這是 23 歲女生畫的，
圖形偏大、筆觸重、品質佳、頭髮有陰影、
無雜線，表示有自信、有理想、固執、
要求完美、自我約束高、負責任，
但有來自人際的情緒困擾。
強調頭部、有畫耳朵、線條嚴謹，
表示重視人際關係、在意別人的評價、
遵守社會規範、個性嚴謹、沒有太多彈性。
從頭到腳完整且比例佳、有修飾，
表示做事有責任感、
能幹、社會成熟度高。
手部簡化，表示在某方面有無助感，
自我功能沒有發揮。

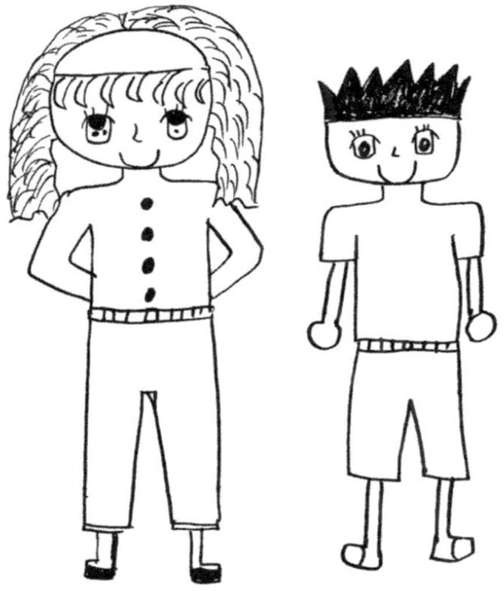

這是 21 歲女生畫的，
圖形大小適中、筆觸重、品質佳、
頭髮有陰影、無雜線，
表示固執、要求完美、自我約束高、負責任，
但有來自人際的情緒困擾。
強調頭部、眼睛、肩膀方正，
表示重視人際關係、善解人意、遵守社會規範、
有擔當、個性一板一眼、沒有太多彈性。
女生服飾褲裝、人形較大，
表示個性較男性化、做事俐落、能幹、勤勞，
有女強人的傾向。
手部簡化、腳的比例偏小，
表示在某方面有無力感。
從頭到腳畫完整表示做事有責任感。
男生頭髮有陰影，
覺得男生需要照顧、是自己的負擔而困擾。

這是大二女生畫的，
筆觸重、品質佳、有陰影、無雜線，表示要求完美、自我約束高，
但有壓抑、強迫、焦慮、不安的情緒困擾。
強調頭部、有畫耳朵，表示重視人際關係、在意別人的評價、遵守社會規範。
從頭到腳畫完整、比例佳、修飾多，表示有責任感、重視形象、做事重視細節。
男、女生圖形有一段距離，表示她獨立自主、不需陪伴。
女生拿氣球，表示她是一個活潑、開朗、不喜束縛的女生。

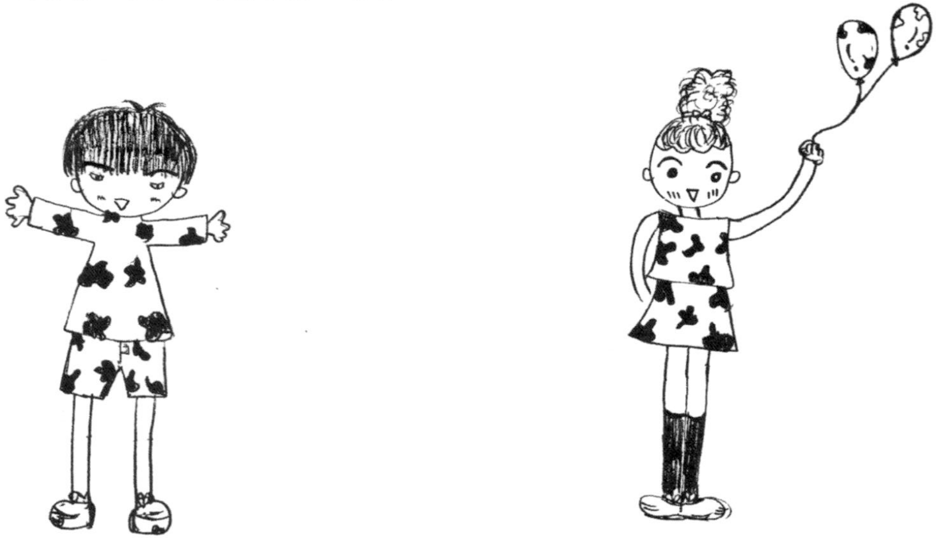

這是大學女生畫的，
這張圖偏小且縮在角落、筆觸重，
表示缺乏自信，有壓抑及離群的個性。
強調眼睛表示對人非常執著、重視人際關係且重視感情。
服飾修飾精緻表示社會成熟度高、做事重視細節。
嘴巴張開表示開朗、樂觀。

這是大三女生畫的，
這張圖偏小、筆觸重，
表示缺乏自信，有壓抑及焦慮的個性，
甚至有憂鬱或強迫的性格。
強調頭部且陰影聚集在頭髮，
表示有來自人際互動的困擾，
對人非常執著且重視感情。
沒有脖子連接表示有情緒困擾。

這是大二男生畫的，
圖形小、筆觸重、品質不佳、有陰影且有重複線，
表示他缺乏自信、成就需求不高、
有壓抑、多慮、離群的情緒困擾。
五官簡化、嘴角向下，
表示不喜歡接觸人、人際關係不佳，
是一個悲觀、不快樂的人。
從頭到腳有畫完整但有簡化現象，
表示做事有責任感但不積極、有無助感。

這是約 26 歲男性畫的，
筆觸重、強調身體輪廓、品質佳、無雜線，
表示要求完美、自我約束高、負責任，
但有憂鬱、強迫的情緒困擾。
強調頭部、有畫耳朵，
表示重視人際關係、在意別人的評價、
遵守社會規範、態度嚴謹、缺乏彈性，
有鑽牛角尖的個性。
背書包、修飾多，
表示成就需求高、聰明、努力、社會成熟度高。
從頭到腳畫完整表示做事有責任感。

筆觸輕

畫人筆觸輕的人缺乏自信，需要他人的肯定，做事缺乏果斷及缺乏安全感、保守，不喜歡作決策，開發性及行動力不足，不適合當主管。

這是54歲女性畫的，
這張圖的大小偏大、筆觸很輕、
線條不整齊，表示有自信、
但有自我防衛的傾向、不喜束縛。
女生在前、古裝裝扮、強調頭部，
表示獨立自主、有女強人的傾向，
價值觀保守、傳統、理想化，
重視人際關係。
男生在後、強調嘴巴、著西裝，
表示喜歡穩重、成熟、專業、
口才佳、開朗的男士，
但希望男士以崇拜、瞻望、
保持距離的態度與她相處，
實際生活的兩性關係應該不佳。

這是小學五年級男生畫的，這張圖的筆觸很輕、整體品質不佳，
表示不容易下決定、害怕擔負責任、自我要求不高。
強調頭部但有陰影表示有來自人際的困擾。
眼睛空洞表示人際技巧不佳、無視於他人的評價。
男、女生畫得外型相近表示對女生沒有太多的概念。

這是碩一男生畫的，這張圖的筆觸很輕，
表示不清楚自己到底要什麼，不容易下決定、害怕擔負責任。
圖畫品質不佳表示自我要求不高。
男、女生區辨清楚，表示兩性成熟度高。
服裝修飾成熟、上班族樣式表示人際成熟度高、適合從商。

這是大二男生畫的，這張圖的大小偏小、筆觸很輕，
表示有自卑感、消極，不容易下決定、害怕擔負責任。
圖畫品質不佳表示自我要求不高。
圖形簡化表示有適應不良的狀況。
五官身體都簡化表示人際成熟不高，社會成熟度也不高。

怪異的圖畫

怪異的圖畫可能是與眾不同、少見、奇怪的人形呈現，它可能是四肢分離的軀體、機器人模樣的軀體、似乎有特別劇情的兩人互動、不像真實人物的怪異模樣或太過簡化而沒有四肢的軀體等等。總之，與一般人描繪人物的方式大相逕庭，或畫出的人物看起來似乎別具意義的人物圖像，基本上都反映了受試者的怪異特質。至於是哪一方面的怪異特質要視他畫出來的怪異情況而定。

這是大三女生畫的，圖形偏大、頗有創意、品質不差、略有陰影，表示她頗有能力及理想、有藝術天分、想像力豐富、喜歡表現、不喜歡墨守成規、有些情緒困擾。

先畫男生且朝她打量，表示希望有異性追求她。

男、女生都畫翅膀是這幅畫怪異的地方，但其他部分又沒有太離譜，表示缺乏現實感、愛幻想、嚮往愛情，卻又不知如何做是好，所以女生的手、腳比例不佳而且有簡化的現象，心情不開心。

這是大二男生畫的，
圖形一大一小、頭髮有陰影，
對自己頗有自信，
開朗、樂觀但有些情緒困擾來自人際，
例如執著、專情等。
簡化手臂，表示有些無助。
女生萎縮是這幅畫怪異的地方，
表示他對女生沒有太多的概念及興趣，
甚至對女生的身體有抗拒。

這是大二男性畫的，圖形偏大、頗有創意、品質不差、頭部及身體邊緣有陰影，表示他頗有自己的想法而且很主觀、固執，有藝術天分、個性偏激，主要的情緒困擾來自女性的角色。強調眼睛是這幅畫怪異的地方，表示對人際關係非常執著且冷眼旁觀，不在乎別人的評價。手、腳簡化表示有些無助。沒畫嘴巴表示話少、心情不開心。男、女性外型相似表示是一個女性化的男性。

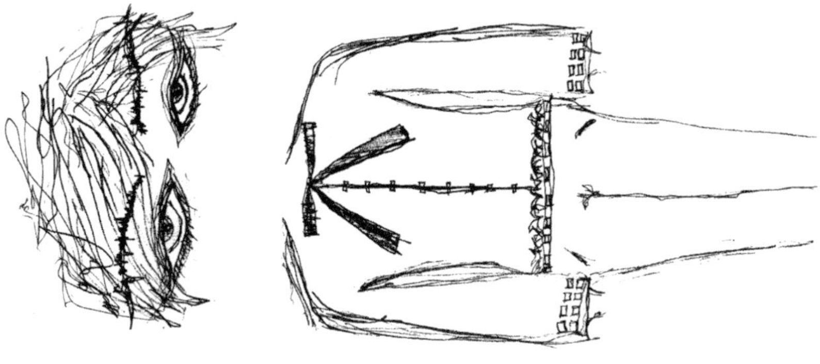

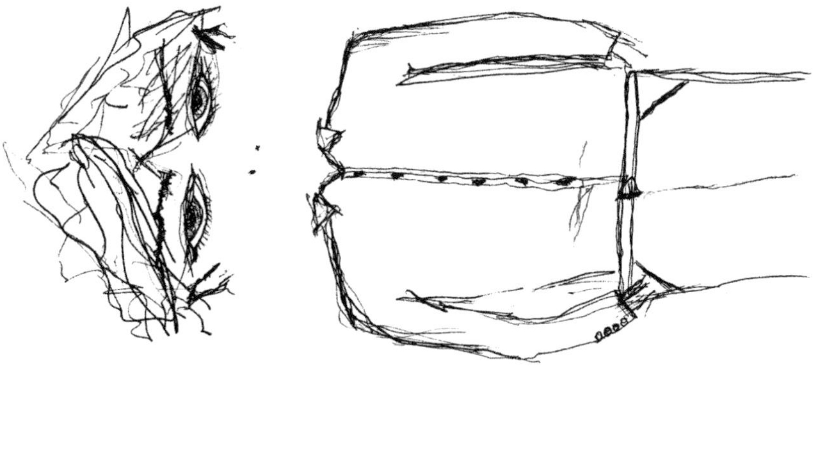

這是 30 歲男性畫的，
圖形偏大、人形怪異，
表示有愛表現、富想像力、
個性誇張、自由不羈。
強調嘴巴，
表示喜歡熱鬧、能言善道。
畫了一個愛神的箭，
表示他正處戀愛中。
服飾傳統，
表示作風保守、
喜歡中國傳統事物。

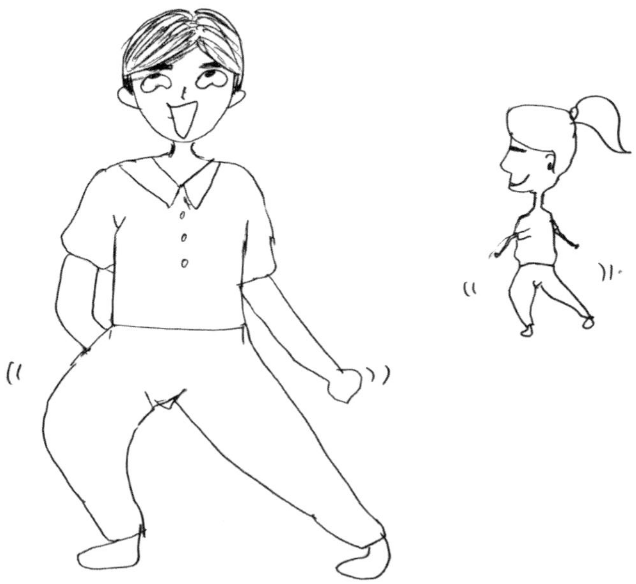

這是22歲女生畫的，
圖形有劇情，
女生很小、走向男生，
男生眼中有愛心、大嘴巴，
表示她對男生有高度興趣，
喜歡男生的活力及熱鬧，
生命中幾乎以男生為主體，
只要被異性關愛，
即使犧牲自己形象也在所不惜，
是一個異常依順帥哥意見的人。

這是大四男生畫的，圖形偏小、整體怪異，
表示缺乏自信、沒有青春、活力、熱情。
簡化手腳，表示有無助感。
女生畫不出來、男生畫老頭，是這幅畫怪異的地方，
表示他對女生沒有太多的概念及興趣，
甚至有抗拒的現象，心境已老成。

這是大學女生畫的，圖形怪異但無雜線，
由圖形推測她是一個嚴肅、老成、道德標準高、
沒有青春、活力、熱情的女生，
但自我要求高、自我約束也高。
男生的外形怪異，表示她對男生毫無興趣，
甚至對男生有嫌惡、抗拒的感覺，
對男性有扭曲的觀感。

這是大二男生畫的，圖形怪異、有陰影，似乎想表達某種特別的感覺。
從圖形表達的意義來看，他需要母愛、溫暖、安全、可以宣洩情緒的避風港。
通常畫有劇情的人物圖畫都會有情緒困擾的問題，
他的情緒困擾應該是來自異性的部分。
人物沒畫五官，表示抗拒人群，人際技巧不佳。
有陰影表示他沒有安全感，是一個多慮、壓抑的人。
女性在他心中的地位非常重要，是一個感情豐富、溫柔的男生。

性別角色認同不清楚

如果一個人畫男生和女生的外形差異不大時，則表示他是個性比較中性化的人，或甚至有同性戀的傾向。兒童大約從 7 歲開始發展兩性的概念，小學三、四年級是兒童對異性有初步概念的平均年齡。小學五、六年級漸漸會對異性產生不同的情愫。國中青春期階段經常對異性關係呈現兩極化狀態，一種是對異性特別好奇及勇於嘗試，另一種是對異性關係呈現壓抑及抗拒的狀態，因此國中生在畫男生及女生的差異也比較會呈現這兩種極端情況。

這是大二女生畫的，
圖形品質佳但服裝修飾少，
表示她自我約束高但不拘小節。
強調頭部及眼睛表示重視人際關係。
男、女外型相似表示她是一個中性化的女生。
有畫耳朵表示在意別人對自己的評價。

這是大二男生畫的，男、女生外型簡化且相似，
表示他對女生沒有太多概念，有同性戀傾向。
頭髮有些陰影表示有來自人際的情緒困擾。
強調眼睛、沒畫嘴巴表示重感情但話不多。
手腳簡化表示自我功能無法發揮。

這是大二男生畫的，圖形大、品質差、身體簡化，
表示他自我要求差，屬於適應不良的類型。
五官簡化、戴眼鏡表示不喜歡人群、不重視人際關係，有逃避問題的傾向。
男、女外型相似表示兩性發展不佳，有同性戀的傾向。

這是大三女生畫的，
圖形品質不差、頭部略有陰影、服裝修飾少，
表示她有來自人際的情緒困擾，個性大而化之。
男、女外型相似表示她是一個中性化的女生。
先畫男生且男生肩膀畫得寬大厚實，
表示重視男性的價值，屬於務實型的人。
強調頭部及眼睛表示重視人際關係、重感情。

這是大一女生畫的，
圖形品質佳但有雜線、頭部及身體邊緣有陰影、服裝修飾少，
表示她自我要求高但壓抑、沒有安全感。
男、女外型相似表示她是一個中性化的女生。
女生偏大表示她是一個能力強、不依賴他人的人。
手、腳簡化表示有些無法解決的困難。

這是高中女生畫的，
圖形品質不佳、沒有五官，沒有修飾，
表示她適應不佳、不喜接觸人群、自我防衛高。
男、女外型相似，表示她有同性戀的傾向。
手腳簡化，表示在某方面有無助感，自我功能沒有發揮出來。

性感的畫

所謂性感就是描繪人物時會顯露出性特徵，例如，畫出肌肉、鬍鬚、喉結、皮帶、褲襠的男生；或畫出露肩、露胸、熱褲、泳衣的女生等等。通常畫性感人物的人對異性需求比較強烈，也比較感性及熱情。如果畫與自己不同性別的人物比較性感，表示對異性頗感興趣、對性的需求也較為強烈；但如果畫與自己相同性別的人物比較性感，則表示受試者本身是一個比較具有異性吸引力的人，也比較具有該性別傾向的特質。例如，女性畫女生比較性感時，表示她比較具有女人味兒，而男生畫男生比較肌肉時，表示他比較具有陽剛特質。

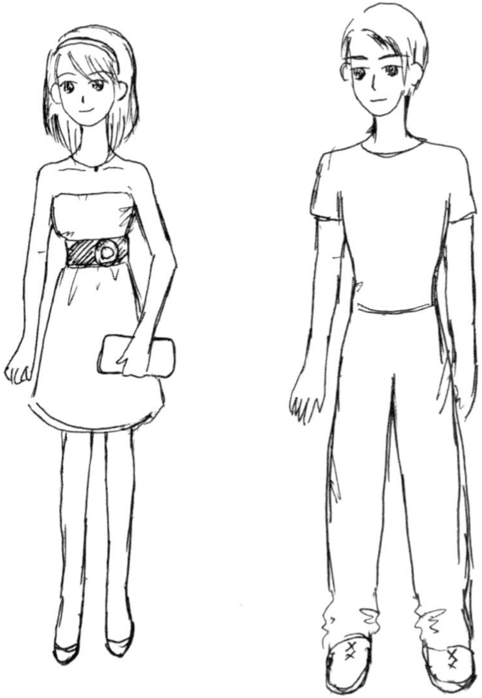

這是大二女生畫的，
圖形品質佳、整體視覺效果佳，
表示她自我要求高、聰明、有藝術天分。
服飾修飾成熟、性感，
表示她人際成熟度高、社交佳、
有女人味、有異性需求。
描繪眼睛精緻表示她善解人意、重感情。

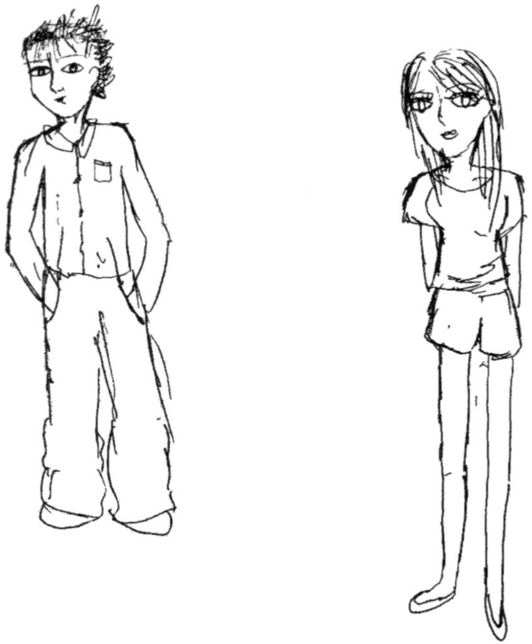

這是大二女生畫的，
圖形品質佳表示她自我要求高、
社會成熟度高、有藝術天分。
強調眼睛表示她善解人意、
人際成熟度高。
服飾修飾性感，
表示她異性社交佳、有女人味。
女生畫得較大表示能力強、
不依賴他人、是女強人類型。

這是大二男生畫的，圖形品質佳、有創意，
表示他自我要求高、能力好、有藝術天分。
男生肌肉、性感，表示他強壯、陽剛特質強、性需求高。
戴太陽眼鏡表示會有逃避問題的特質。
方臉表示個性剛直、缺乏彈性。
男生光腳、背心，表示體力好、操作型的男生。
女生外型怪異表示對女性不甚了解。

這是大四女生畫的，圖形大、頭髮略有陰影，
表示她很有自信、有能力、行動力強，但有來自人際的情緒困擾。
服飾修飾成熟、性感，表示她社會成熟度高、有女人味、有異性需求、重物質慾望。
強調眼睛表示重視人際關係、重感情。
手、腳簡略表示才能沒有充分發揮、適得其所。
服飾上班族表示適合從商、事業心重。

這是 29 歲男性畫的，圖形品質佳、強調頭部，
表示他很有自信、自我要求高、重視人際關係。
女性服飾性感，表示異性需求強，喜歡性感、依賴的女性。
男性服飾專業，表示重視工作、形象、人際成熟度高。
從頭到腳畫完整、肩膀方正表示做事一板一眼、有責任感、有擔當。

這是大學男生畫的，圖形品質佳、修飾多，
表示他重視形象、社會成熟度高、做事重視細節。
女性服飾性感，表示異性需求強，喜歡性感、開放的女性。
男性服飾講究，表示重視外形、喜歡打扮、行動力強、人際成熟度高，
對女性有充分的了解。

這是大四女生畫的，圖形品質佳、強調頭部，
表示她很有自信、自我要求高、重視人際關係。
先畫男性且偏大、有腳毛，
表示重視男生的意見、喜歡具有陽剛特質、運動型的男生。
女性服飾性感，表示異性需求強，有女人味。
五官描繪細緻、強調眼睛、耳朵、嘴唇，
表示善解人意、重視他人的評價、性感、人際成熟度高。
帶項鍊、畫品牌表示重視物質生活。

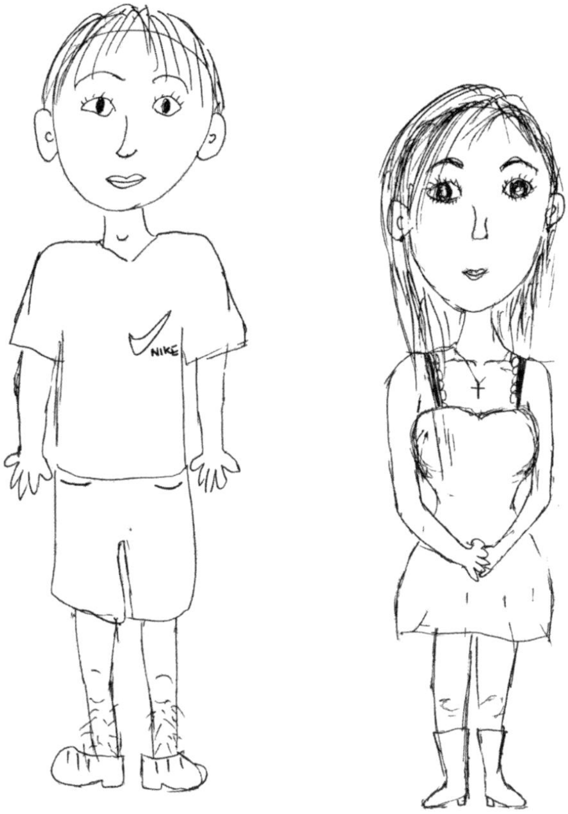

完成的速度

通常畫人測驗完成的速度可表示一個人做事的速度及態度。一個畫人速度很慢的人，其做事、思考速度也會比較緩慢；一個畫人速度很快的人，其做事、思考速度也會比較俐落。一個性急的受試者其畫人速度不可能太慢，無論是否具備繪畫天分或後天練習。同樣地，一個慢郎中其畫人速度也絕不會太快。又如，有些人的畫人測驗，起頭很慢，思考許久後才動筆，但後續完成的速度卻不慢，表示他做任何事之前都會需要時間思考清楚，一旦弄清楚方向、下定決心又會迅速完成任務。畫人測驗的完成速度在團體施測時比較不容易精準判斷；單看圖片也很難辨別速度的快慢。

速度快

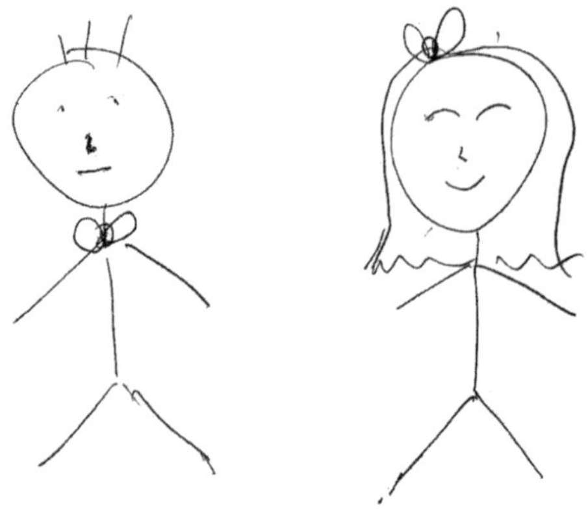

這是26歲女性畫的，圖形簡化、完成速度快，

表示她有自我防衛，但仍可看出她做事俐落，自我要求不高，社會成熟度較為不足。

眼睛一直線、嘴巴一直線，表示人際成熟度不佳、社會成熟度亦不佳。

服飾修飾不多，表示不拘小節、缺乏觀察敏銳度。

兩手張開，表示樂觀、容易信任他人。

手腳簡化，表示工作不得其所，自我功能沒有完全發揮。

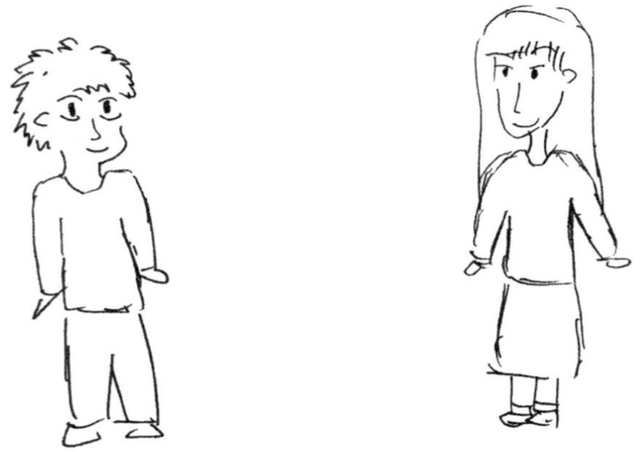

這是大四男生畫的，圖形品質佳、強調頭部、完成速度快，
表示他自我要求高、重視人際關係，做事俐落、負責、有效率。
服飾修飾不多，表示不拘小節、缺乏察言觀色的能力。
男女對看、男生眼睛大、女生較為成熟、有畫耳朵，
表示可能正處戀愛中，屬於聽話、順從的男生，
是一個多聽、多觀察、視覺型的人，在意別人的評價。

速度慢

這是八年級男生畫的，圖形品質不佳、雜線多、完成速度非常慢，
表示他自我要求不高、做事速度緩慢、瞻前顧後，有不安、壓抑的情緒困擾。
從他描繪的表情推測，他不快樂、有壓抑的傾向、人際關係不佳，
對女生沒有太多概念，甚至有抗拒、負面的情緒。
手腳簡化，表示有無助感，自我功能沒有完全發揮。

這是大三男生畫的，圖形品質佳、筆觸輕、完成速度非常慢，
表示他自我約束高、做事速度緩慢、缺乏果斷決策的能力。
從他描繪的男、女人物大小推測，他對女生有敬畏的情緒，
是一個以女性為尊、順從女性意見的男生，
女生在他的心中扮演著重要的價值、角色。
服飾修飾多，表示他社會成熟度高、做事重視細節、
遵守社會規範、在乎女性外表裝扮。

頭部的意義

畫人測驗中，頭部是呈現人際互動的重要部位。一個頭部描繪比例偏大或相對特別細緻的人，他會特別重視人際的經營，也會對人的互動及需求有特別的敏銳度及觀察力，通常他們的人際成熟度會比較高。其中眼睛更是透露其社會性及人緣好壞最重要的器官。一個眼睛描繪精緻有神的人，他們通常是一個體貼、善解人意、敏感、討人喜歡的人。一個描繪眼睛簡化或突兀的人通常人際互動不佳、不擅社交技巧，或不喜歡加入團體等。

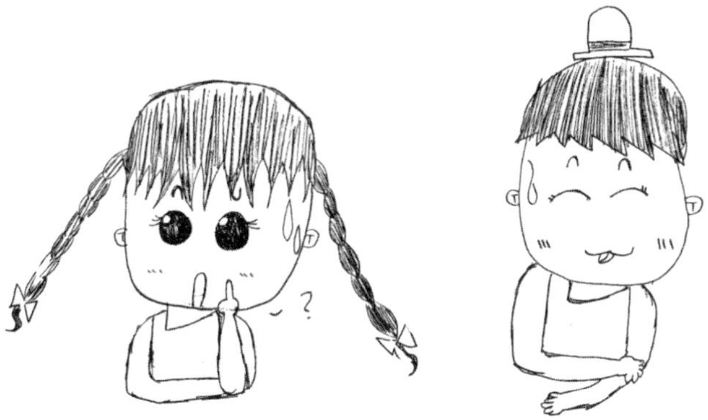

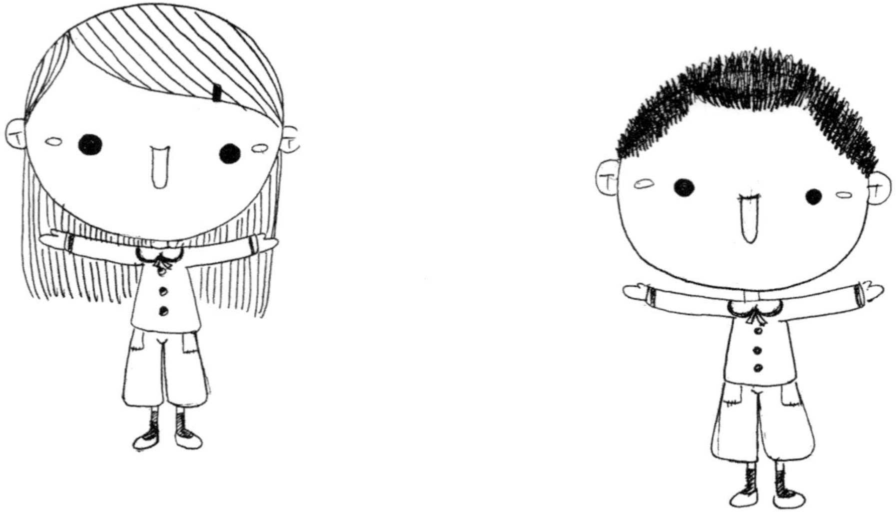

這是大三女生畫的，圖形品質精美但頭髮有陰影，
表示她要求完美、有自己的想法、聰明、重視人際關係但缺乏彈性，
缺乏現實感，有來自人際的情緒困擾。頭部誇張表示重視人際關係。
男、女孩頭部外型相似，表示是一個中性化的女生。

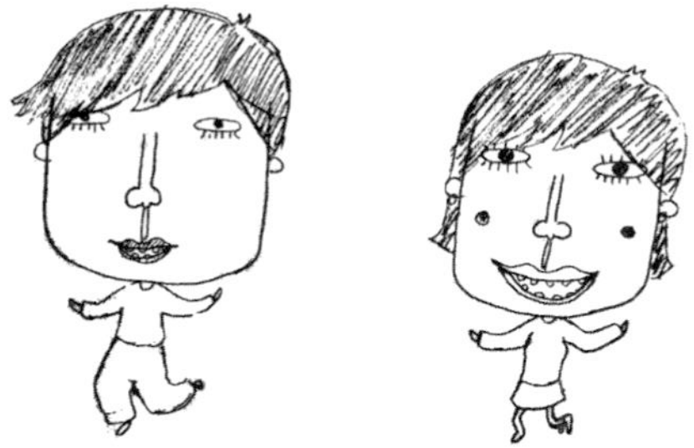

這是大三女生畫的，圖形品質精緻但頭形方正、頭髮有陰影，
表示她要求完美、缺乏彈性，有來自人際的情緒困擾。
頭部誇張、身體萎縮，表示重視人際關係但自我功能不佳。
男、女外型相似，表示兩性性別角色發展不佳。
強調嘴巴表示容易有口語攻擊。先畫男生表示重視男生的地位及價值。

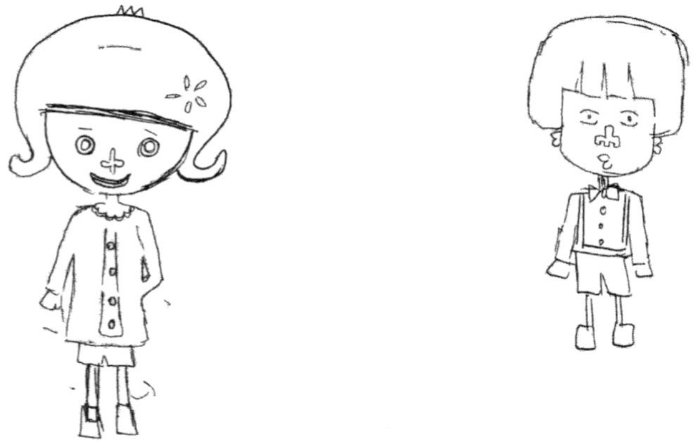

這是大三女生畫的，圖形品質佳，表示她自我約束高。
女生畫得比較大表示獨立自主、能力強、不依賴他人，有女強人傾向。
頭部誇張表示重視人際關係。
男、女生有些間隔距離表示親和力較弱、與男生有疏離感。
服飾修飾佳表示社會成熟度高、重視形象。

這是56歲女性畫的，圖形偏大、強調頭部，表示她有自信、有理想、重視人際關係。
女生畫得比較低，表示有順從的傾向。男生有陰影，表示有來自男人的困擾。
人形比例不佳，表示社會成熟度沒有跟上年齡的發展速度，
常有想法不夠務實的狀況，但心境仍年輕、還很有理想，
對人仍有相當大的熱誠，沒有被現實污染太嚴重。

這是18歲女生畫的，圖形修飾精緻、整體視覺效果佳但有很多雜線和陰影，表示她要求完美、聰明、有藝術天分，但有自己的想法、桀驁不馴，有憂鬱、執著的情緒困擾，主要來自人際的問題。服飾修飾成熟、摩登，表示她社會成熟度高、人性了解透徹、有女人味、重視形象、物質需求強。強調眼睛表示善解人意、對人執著、重感情。

這是碩一女生畫的，圖形偏小、品質佳、修飾多，
表示她缺乏自信、不愛表現，但自我要求高、做事重視細節。
強調頭部、眼睛、耳朵，表示重視人際關係，
重感情、重視別人的評價，甚至疑心有點重。
穿制服，表示成就需求高。
圖形有點卡通的味道，表示有理想化的傾向，
缺乏現實感，社會成熟度不足。

手或腳部的意義

畫人測驗的手部意義代表受試者與外界環境互動的型態。兩手半敞開的姿勢表示對外界環境的信任及健康、正面的態度。兩手背在後面表示受試者的被動及以他人為先的態度。男、女生互相牽手表示需要陪伴及親和力強、友善的意義。手臂長度過短或過長都不好，顯示自我功能不佳，沒有發揮所長、適得其所。若只描繪手臂而沒有手掌表示有些事情受試者無法掌控或能力不及，有無助的含意。

腳則表示自己有頂天立地、人定勝天、事在人為的能力；若沒畫腳或簡化腳部，表示自己缺乏頂天立地的功能及缺乏獨立自主、被肯定的自信。

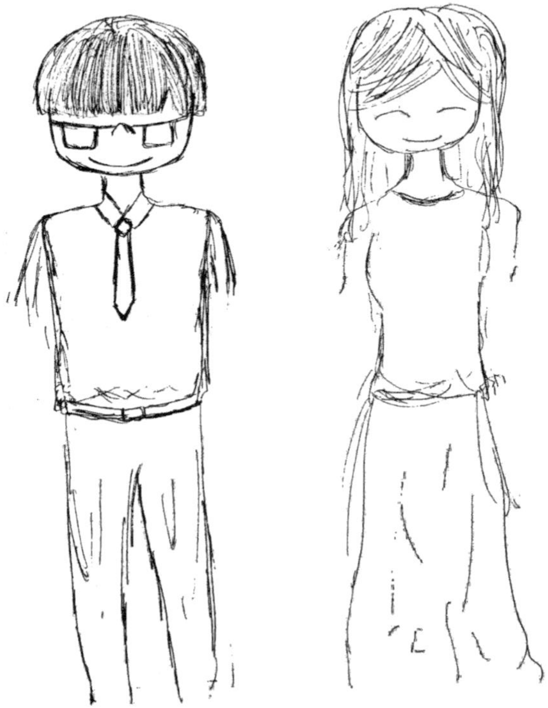

這是大二女生畫的，
圖形品質還好但頭髮有陰影，
表示她思慮複雜、有焦慮的人際情緒困擾。
強調頭部表示重視人際關係，
但五官簡化表示人際關係不佳。
先畫男生而且比較精緻表示重視男性角色，
但男生的人形陰影也比較多，
表示情緒困擾主要來自男性。
手、腳簡化表示有無助感。
服飾上班族表示事業心重。
戴眼鏡沒畫眼睛表示有逃避問題的傾向。

這是大二女生畫的，人形大、品質不差，
表示她有自信、有自己的想法、自我約束不差。
沒畫手表示有無助感。
沒畫脖子連接表示有情緒困擾。
男、女生外型相似，表示兩性性別角色發展不佳。

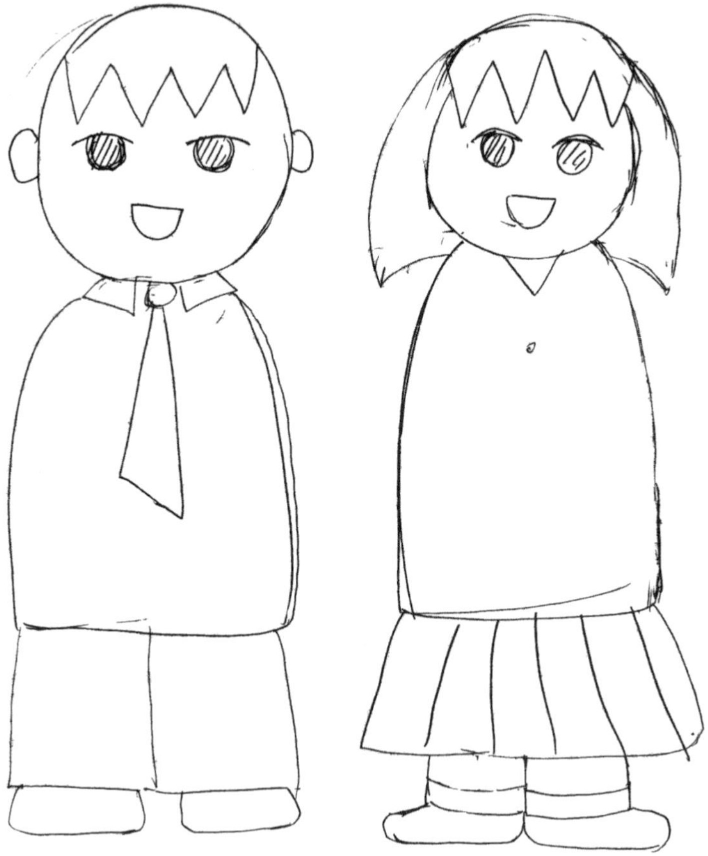

這是大一男生畫的，圖形品質不佳、頭髮有陰影，
表示他自我要求不高、不拘小節、有來自人際的困擾。
強調頭部表示重視人際關係。手、腳簡略表示有無助感。
男、女外型相似，表示兩性性別角色發展不佳。

這是大二男生畫的，圖形品質還好但頭髮有陰影，
表示他有壓抑及來自人際的困擾。
強調頭部及眼睛，表示他重視人際關係、對感情執著。
嘴形一直線，表示心情經常不快樂。
手腳簡化，表示有無助感，沒有充分發揮自己的功能。
身體簡化、男女外形一樣，
表示兩性性別角色沒有發展出來，或有同性戀的傾向。

4

看出人格傾向

畫人測驗是投射測驗的一種，可投射受試者潛意識的需求，屬於心理學的觀點。然而，生理學的研究也曾經發現人類大腦的不同細微部位可能掌控一個人繪畫或直或彎曲的線條，因此每一個人描繪人形的方式及模樣可能都與我們的大腦構造有關，好比說在美術教室裡，所有學生同時看著一個模特兒或一個人像雕塑模型素描，結果每一個人所表現出來的結果總是大異其趣（排除繪畫技巧及主、客觀因素）。無論如何，畫人測驗經信、效度檢驗後，發現不僅可預測兒童的認知智能及社會成熟度，更能預測一般人的人格特質、社會適應、職業潛能、情緒狀態等等。

畫骨頭人的人

畫骨頭人的受試者其自我防衛心重，不想讓他人輕易了解自己的內心世界，對外界環境心存懷疑或不信任，彷彿怕被察知自己內心深處的秘密，所以選擇躲避，或不自覺地想隱藏自己，或刻意地想挑戰測驗的權威。總之，畫骨頭人的畫人結果無法作解釋，就算解釋也不準確，因為受試者有刻意隱藏自己的潛意識而不被他人探知的意圖。

這是50歲女性畫的，
圖形偏小、品質不佳，表示她自我防衛強，
對人際互動沒有太多技巧，
是一個比較現實、小心的人。
針對像這樣自我防衛重、採取不合作、
不在乎施測的挑戰性受試者，
最好不要刻意解釋。

這是大二男生畫的，
圖畫品質差、身體簡化、五官簡化，
表示他自我防衛強、無法看出太多訊息。
通常主試者可技巧性地要求他重畫，否則容易誤判。
畫骨頭人表示自我防衛，
通常屬於人際不佳、適應不良或同性戀類型。

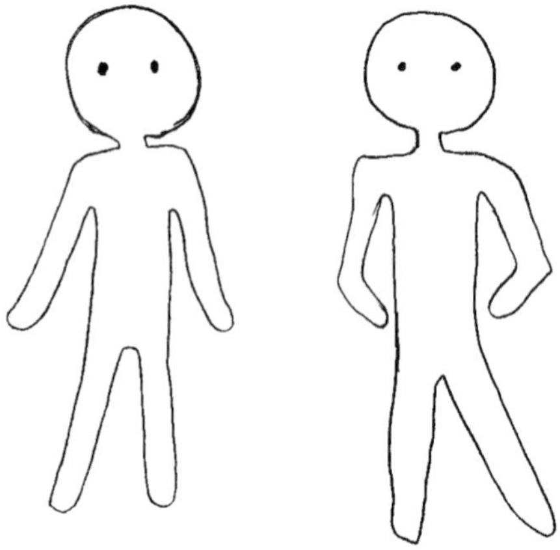

這是大二女生畫的，
身體簡化、五官簡化，
表示她自我防衛強、無法看出太多訊息。
圖畫品質不差、無雜線，表示自我約束高。
男、女外型相似表示有同性戀傾向。
手腳簡化，表示某方面有無助感，自我功能沒有完全發揮。

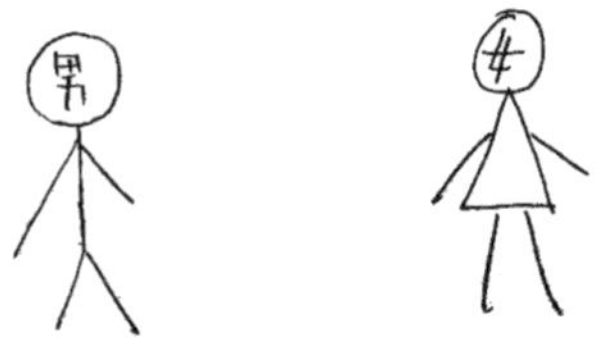

這是大二男生畫的，
圖畫小、身體簡化、沒有五官，
表示他自我防衛強、自卑、有人際退縮、適應不良的情況。

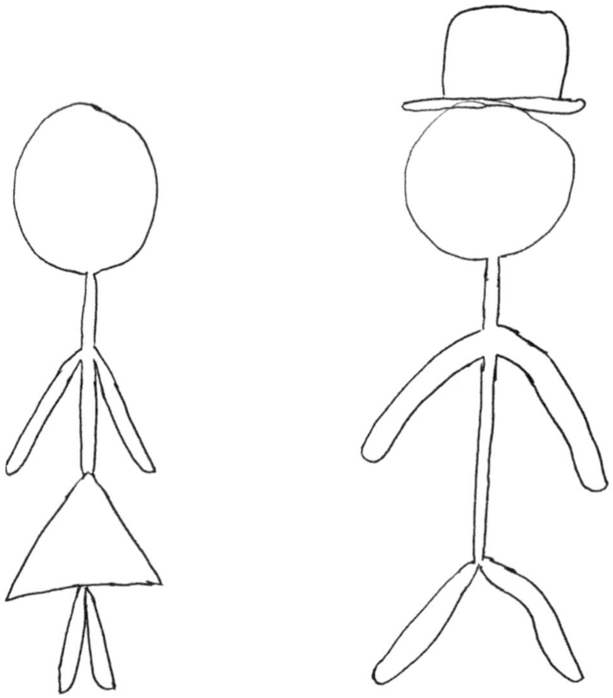

這是大二男生畫的，
圖形偏大、身體簡化、沒有五官，
表示他自我防衛強、不喜歡人群。
圖畫品質不差、無雜線，表示自我約束高。
先畫女生表示可能屬於女性特質較多的男性。

畫卡通圖樣的人

畫卡通圖樣的人通常比較理想化，與現實生活經常有一段距離，喜歡作夢、想像力豐富、不夠務實，不喜歡以金錢衡量事物的價值，也不喜歡複雜的人際世故。

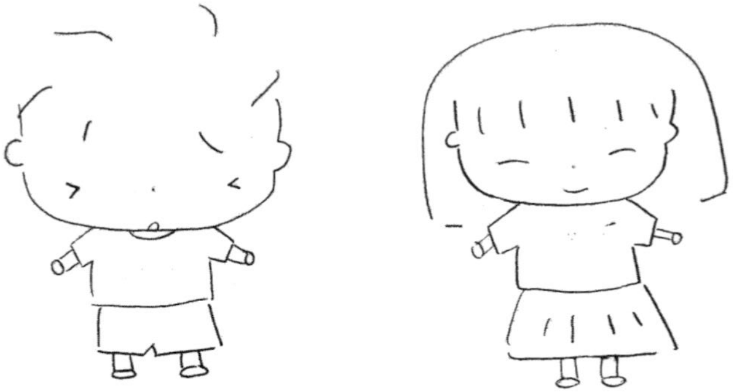

這是大二女生畫的，圖畫品質佳、無雜線、可愛模樣，
表示自我約束高、重感覺、不喜歡太現實的生活。
頭畫得比較大、五官簡化，表示重視人際關係但人際成熟度不足。
手、腳簡化表示自我才能沒有發揮、有無助感。

這是約25歲女性畫的，
圖畫品質不差、無雜線、卡通模樣、身體簡化，
表示自我約束高、快樂主義、缺乏現實感、不喜歡死板的生活。
五官、身體簡化、女生畫大嘴巴，表示人際成熟度不高、做事不重細節，
但樂觀、開朗、很容易滿足。
男、女外型相似表示缺乏兩性角色的認知。
手、腳簡化表示自我才能沒有發揮、有無助感。
兩人牽手表示喜歡陪伴，正處戀愛中。

這是碩一女生畫的，圖畫品質佳、有陰影、卡通模樣，
表示她要求完美，但比較理想化，聰明、有藝術天分，但有壓抑及焦慮的情緒困擾。
強調頭部、大耳朵，表示重視人際關係，在乎別人的評價。
服飾修飾多表示做事重視細節，社會成熟度高。
由男生服飾來看，她對男生沒有太多的了解及概念。
從姿勢來看，她是一個幽默、俏皮的女生。

這是高二女生畫的，圖畫大、品質佳、雜線多、陰影多、卡通模樣，表示有表現需求、要求完美、有自己的想法、桀驁不馴、聰明、有藝術天分，有來自人際的情緒困擾、缺乏現實感。強調頭部、眼睛，表示重視人際關係、善解人意、重感情。服飾修飾多表示做事重視細節、重視形象、社會成熟度高。男生臉側向外、玩球，表示喜歡運動型的酷哥，暗戀一個對方不愛自己的男生。

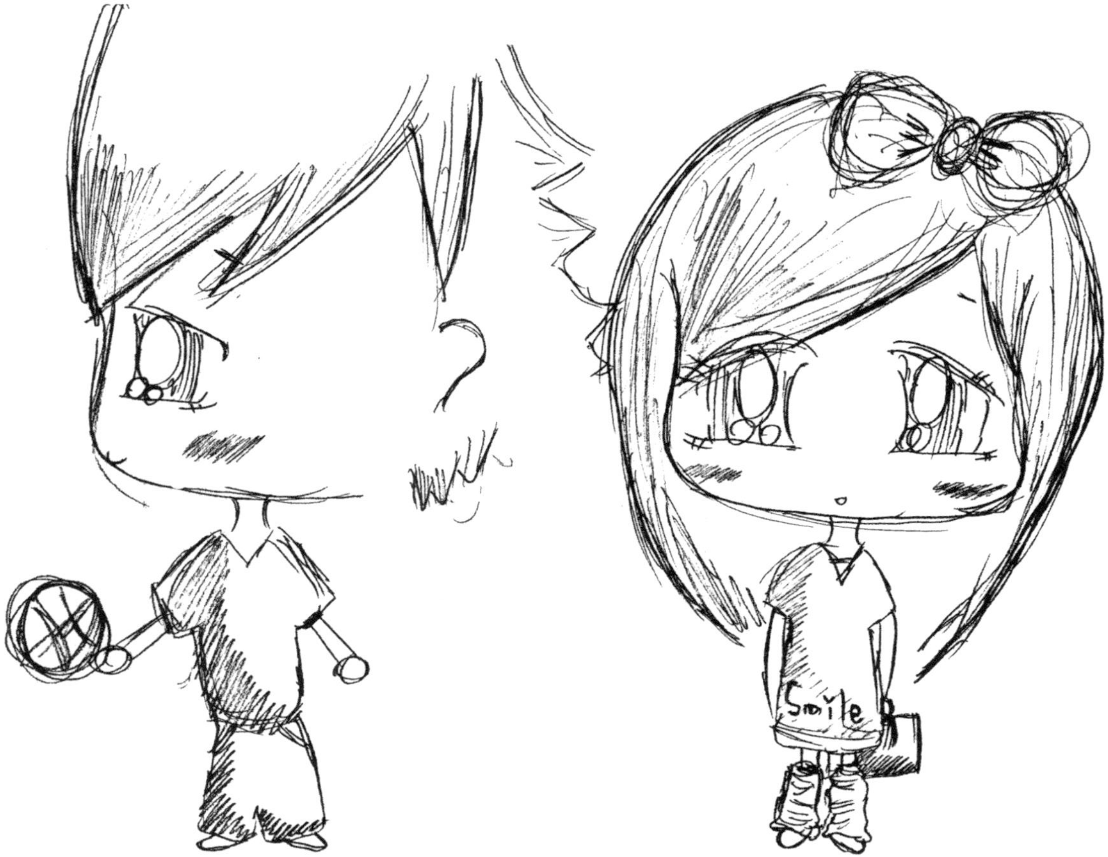

這是大三女生畫的，
圖畫品質不差、無雜線、卡通模樣、身體簡化，
表示有自我約束、想法天真、
幽默、現實感不足、不喜歡太嚴肅的生活。
服飾修飾多表示做事重細節、物質慾望較多。
男、女外型相似表示兩性性別角色發展不佳。
手、腳簡化表示自我功能沒有發揮、有無助感。

這是大二女生畫的，
圖畫品質佳、無雜線、卡通模樣，
表示自我約束高但缺乏現實感、社會成熟度不足、有藝術天分。
服飾修飾多表示做事重細節。
手、腳簡化表示自我才能沒有發揮、有無助感。

畫漫畫美少女的人

喜歡畫浪漫人物的人是屬於不食人間煙火型的受試者，總是生活在有點浪漫、幻想、美美的世界中，不喜歡平凡俗事，有自己的想法，自視頗高，因此常常給人叛逆、孤傲、桀驁不馴、不易說服、不易順從的感覺。

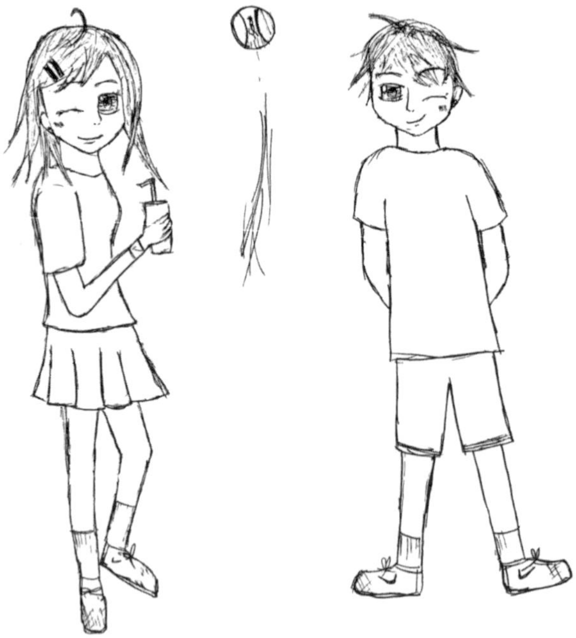

這是大二女生畫的，
圖畫品質佳、有雜線、陰影多，
表示自我要求高、
有能力、有情緒困擾。
漫畫美少女模樣表示有藝術天分、
具叛逆的特質、不易馴服。
男生服飾性感、耍酷，
表示有異性需求、
喜歡外型酷帥有個性的男生。
手、腳簡化表示自我才能沒有發揮、
有無助感。
眼睛描繪佳表示是一個
貼心、重感情的人。
手背後面有順從、被動傾向。

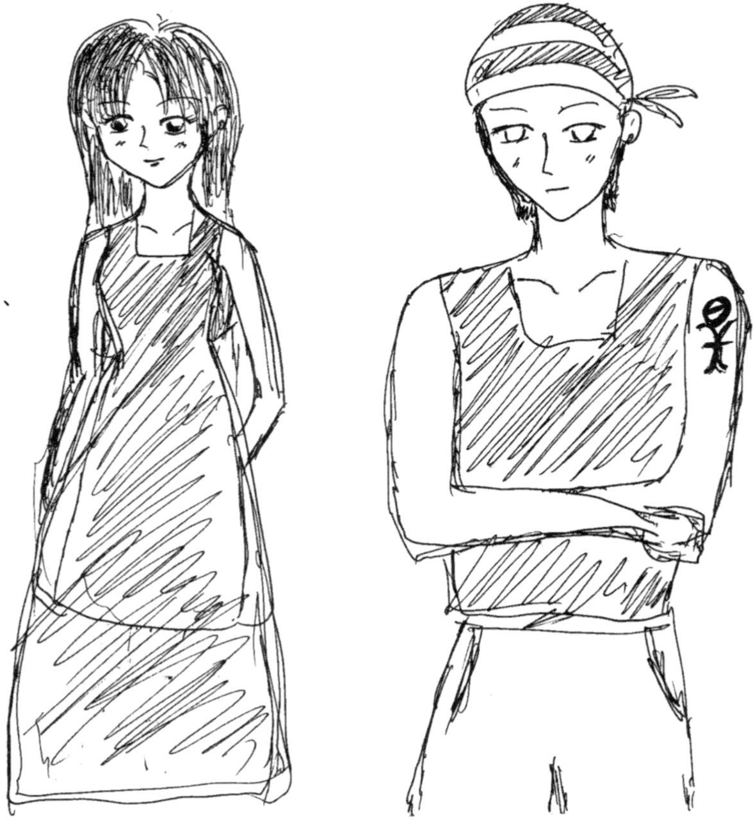

這是大二女生畫的，
圖畫品質佳、有雜線、有陰影，
表示自我要求高、聰明、有壓抑及多慮的情緒困擾。
漫畫美少女模樣表示藝術天分高、好幻想、具叛逆的特質。
穿制服、提書包，表示成就需求高、重視成績。
眼睛筆觸重表示善解人意、重感情、對人執著。
男、女牽手表示喜歡陪伴，在戀愛中。

這是大二女生畫的，圖畫品質佳、有雜線、有陰影，
表示自我要求高、有能力、獨立自主但有壓抑的情緒困擾。
漫畫美少女模樣表示有藝術天分、具叛逆的特質、不易馴服。
強調頭部及眼睛表示重視人際關係，但有些猜疑。
男女背對、男生描繪較輕表示對男生有愛恨情節。嘴唇顯示不快樂。

這是大二女生畫的，圖畫飄逸、頭髮有陰影，
表示現實感不足、不喜約束、感性、有人際的情緒困擾。
漫畫美少女模樣表示有藝術天分、好幻想、具叛逆的特質、不易馴服。
沒畫眼睛表示不喜人群。沒畫手、腳表示有無助感。
男、女面對面表示深情款款、有異性需求。

畫浪漫情節的人

畫男生和女生彼此牽手、相愛模樣的人，一般都是在戀愛中的受試者。從畫人測驗中兩個人的互動就可以感受到他們心中充滿戀愛的氣氛。這類的受試者通常會把愛情放在第一位、是一個感性的人，需要被情人所愛，也因而獲得生命最大的滿足。

這是約56歲已婚男性畫的，圖形品質佳、視覺效果佳、有場景，
表示自我要求高、有藝術天分、想像力豐富。
場景為海邊，表示喜愛大自然，尤其是海邊對他有特別的意義，似乎是他最美好的回憶。
男女牽手表示他正處戀愛中、充滿熱情、個性溫柔、有一顆年輕、愛人的心、喜歡陪伴。

這是一位36歲女性畫的，
圖形品質佳表示自我要求高。
女生畫得比較低、穿婚紗禮服，
表示她是一個順從、浪漫的小女人，
正處戀愛中、嚮往婚姻歸宿、喜歡被關愛。
強調眼睛表示善解人意、重感情。

這是大二女生畫的，圖形品質佳、有場景、整體視覺效果佳、有創意，表示她自我要求高、聰明、有藝術天分。

服飾修飾成熟、性感，表示她社會成熟度高、有女人味、有異性需求。

強調眼睛表示她人際成熟度高、善解人意、重感情。

男、女生牽手表示戀愛中的女人、喜歡陪伴。

這是約35歲已婚女性畫的，
圖形品質不差、沒有雜線、有場景，
表示不喜束縛、有想像力。
女生比較大、穿婚紗禮服，表示她喜歡被愛的感覺，
希望對方以自己為重心，一直保持像結婚時的美好印象。
頭部、五官簡化，表示人際成熟度不足。

愛表現的人

愛表現的人可能是在團體中經常扮演耍寶的角色，或在團體中很容易被注意到的個體，他們從來不畏懼表現自己的才能，也很大方地發表自己的見解，總是為維護自己的權益而不吝於直接表達。他們畫人的尺寸總是偏大且誇張或怪異，幾乎佔據整張紙面，頭部也經常是他們誇大的部位。

這是大二男生畫的，圖形大且怪異、品質不差、有創意、有陰影，表示個性誇張、愛表現、有自信、有藝術天分、有來自人際的情緒困擾。頭部誇張、強調五官，表示很需要人群，是社會型的人。男生模樣老成表示心境超齡成熟。女生眼睛大、頭髮有陰影，表示非常渴望成熟女性的關懷，情緒困擾主要來自女性。強調嘴唇表示能言善道。身體萎縮表示自我功能無法發揮。中間畫一條線表示是一個權益分明的人。

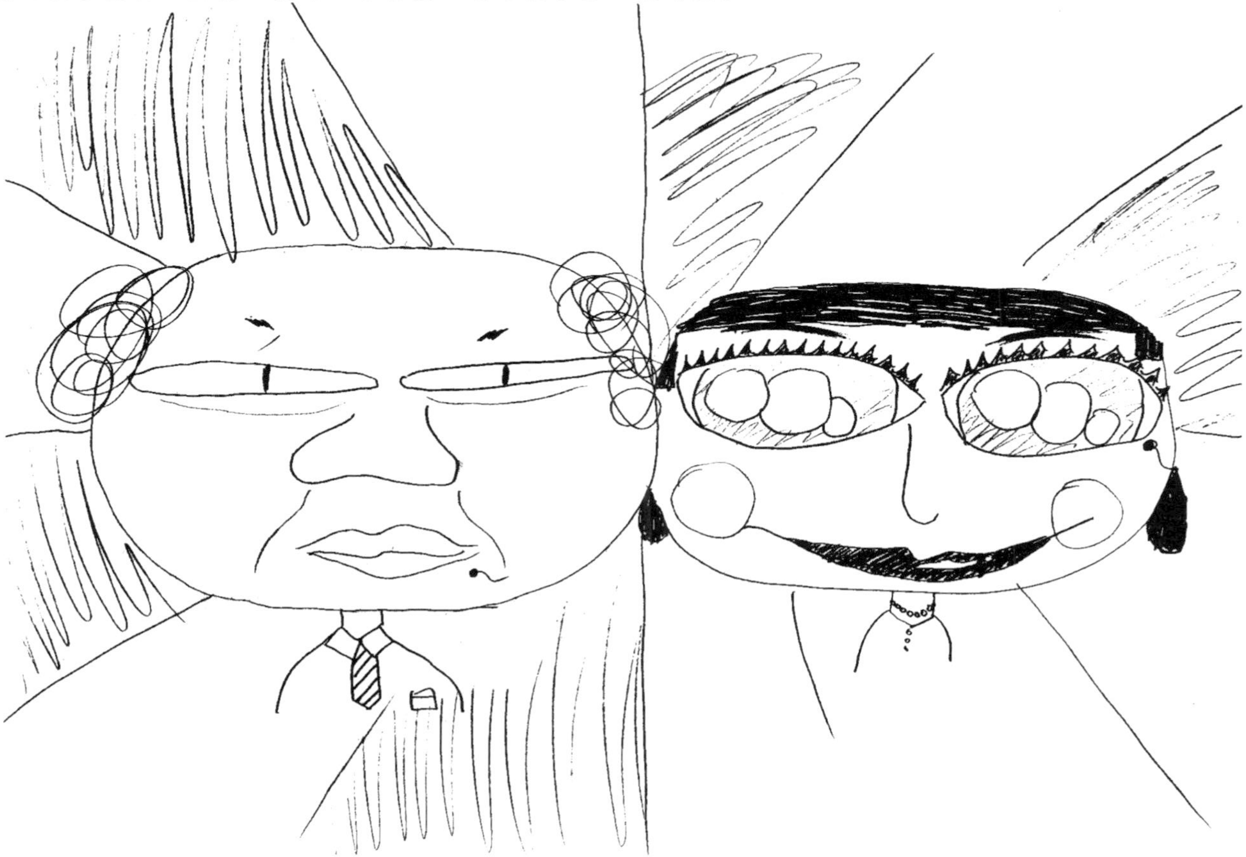

這是大二女生畫的，圖形大、品質佳、有創意、有陰影，表示有自信、自我要求高、有藝術天分、有來自人際的情緒困擾。頭部比例大、頭髮有陰影、嘴巴大，表示重視人際關係，是社會型的人，很容易在團體中看見她，但主要情緒困擾也是來自人際。眼睛簡化、畫大嘴巴，表示人際技巧不佳，但個性開朗、樂觀。衣服修飾多表示做事重視細節、重視形象。

這是大二男生畫的，圖形大、品質不差、怪異、有陰影，表示表現慾望強、個性奇特、有能力但很不易馴服、有情緒困擾。男生強調眼睛、嘴巴、耳朵、頭髮有陰影、模樣老成，表示為人固執、有口語攻擊、在乎別人的評價、倚老賣老、是社會型的人，情緒困擾來自自己的古怪性格。男生沒畫腳表示不具有頂天立地的能力。女生人形較大表示尊重女性。

這是大四男生畫的，圖形大且誇張、品質不差、修飾多，表示有表現需求、有膽識、有自己的想法、做事重細節。強調頭部、五官簡化、有畫耳朵，表示親和力強但人際技巧不佳，重視別人的評價。服飾修飾多，表示重視形象、物質需求高。男女衣服相近，表示個性較溫和、女性化。

這是大三女生畫的，圖形品質佳、修飾多、有劇情，
表示她有表現的需求、聰明、有欺負男生的傾向、有藝術天分、
自我要求高、做事重細節，但常處於發小姐脾氣的狀態。
服飾修飾佳、卡通畫法，表示社會成熟度高，
但現實感不足，人際成熟度不高。
女生畫得比較小，是一個依賴的女生。
男生服飾修飾佳，表示重視異性的成就，
喜歡溫柔、體貼、脾氣好、老實、有成就的男生。

重視權益的人

重視自己權益的人其畫風通常是拿到紙時先中間畫一條線或將紙對折一下再開始畫。重視權益的人從不吝於表達自己的需求，但他們同時也會尊重他人的權益。換言之，他們不喜歡別人占他們便宜，也不喜歡占別人的便宜，一向公私利益分明，即使最親近的人他們仍然分得很清楚。

這是大二女生畫的，
圖形偏大、品質不差，
表示自我要求高、聰明。
女生身著制服表示成就需求高、
重視成績。
強調頭部及眼睛表示重視人際關係、
善解人意、重感情。
畫人時先將紙對折再畫
表示重視人我的分際及權益、
公私分明、不喜歡占別人便宜
也不喜歡別人占她便宜。

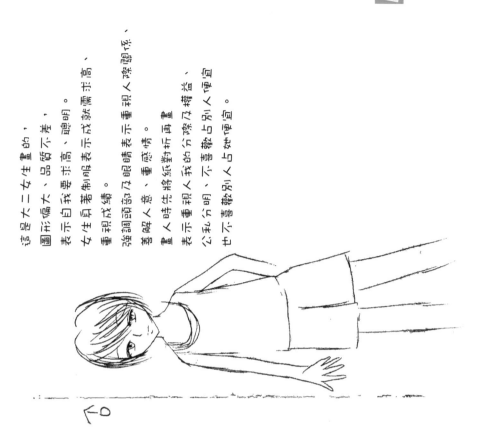

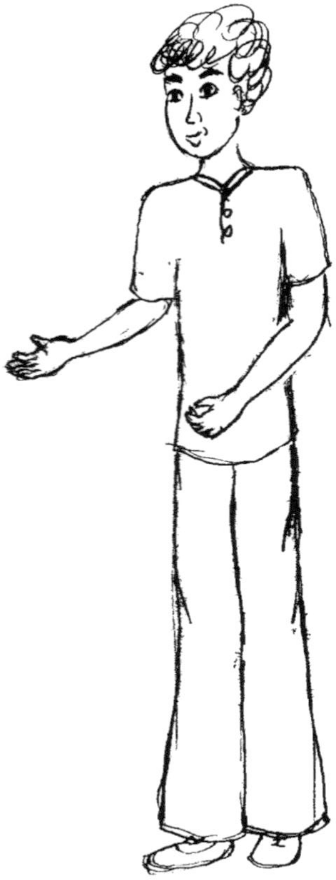

這是46歲女性畫的，圖形大、品質佳，表示有自信、成就需求強、要求完美。女生服飾傳統、站姿得宜，表示重視形象、觀念保守、能力強、女性特質強、喜歡不嚴肅、沒壓力的男士類型。強調頭部及眼睛，表示重視人際關係、善解人意。服飾專業，表示社會成熟度高。畫人時先將紙對折再畫表示重視人我的分際及權益、公私分明、不喜歡占別人便宜也不喜歡別人占她便宜。

這是碩一女生畫的，圖形偏大、品質還好、頭髮有陰影，表示有自信、有自我約束、但也有來自人際的困擾。服飾修飾少表示做事不重細節。嘴偏大表示樂觀、開朗。畫人時先將紙對折再畫表示重視人我的分際及權益、公私分明、不喜歡占別人便宜也不喜歡別人占她便宜。

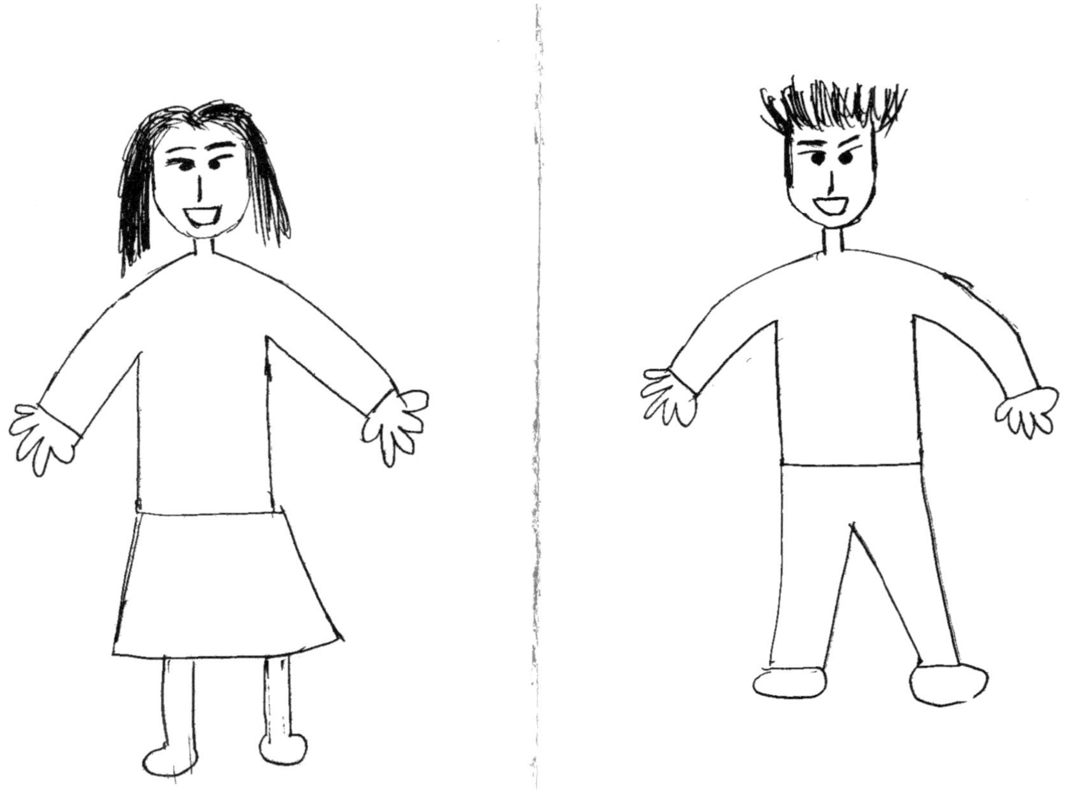

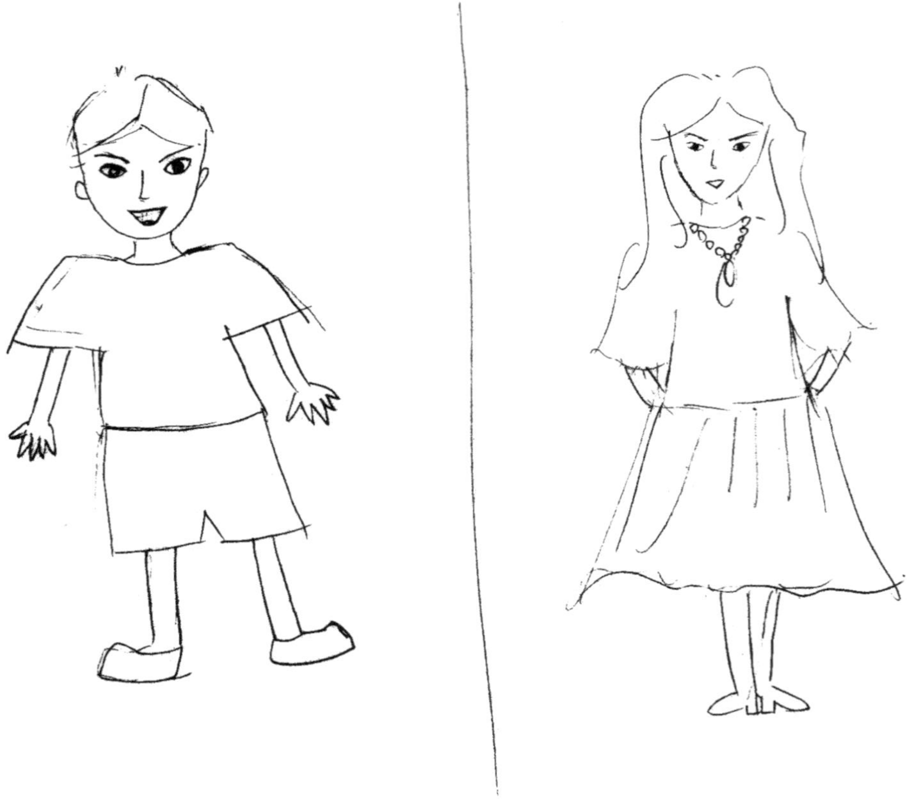

這是 35 歲女性畫的，圖形偏大、品質還好，表示自視高、社會成熟度高，是一個務實、能幹的女性。服飾修飾少、有畫項鍊，表示做事不拘小節但重視物質的價值。男生大嘴張開、畫得比較年輕，表示喜歡樂觀、開朗、健談、年輕的男性。畫人時先在紙中間畫一條線再畫，表示重視人我的分際及權益、公私分明、該自己做的會做好，不該自己做的也不會客氣。女生畫得比較成熟，表示屬於照顧男生型的成熟、能幹的女性。

這是大二男生畫的，圖形品質不佳、有重複、有陰影，表示有多慮、不安、強迫的情緒困擾。服飾修飾少，表示做事不拘小節。五官怪異，表示人際成熟度不高。手腳簡化，表示在某方面有無助感，自我功能沒有發揮得很好。畫人時先將紙對折再畫表示重視人我的分際及權益、公私分明、不喜歡占別人便宜也不喜歡別人占他便宜。

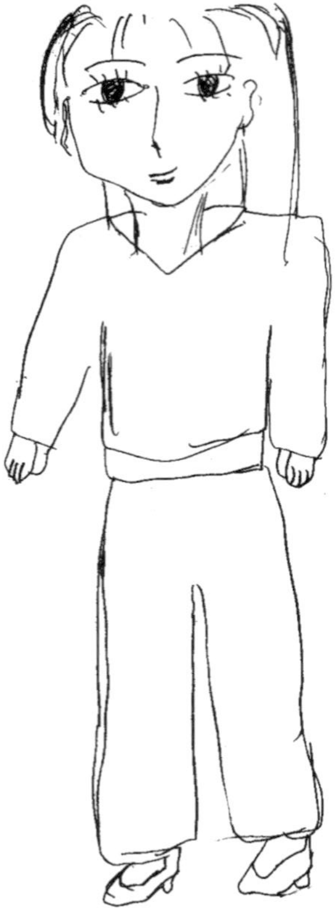

這是 27 歲女性畫的，圖形大，表示有自信、有理想。服飾修飾少、褲裝、男女相似，表示做事不拘小節、個性男性化，是一個能幹、行動力強的女性，有女強人傾向，對男性不甚了解，或有同性戀傾向。強調眼睛，表示重視人際關係、重感情。畫人時先將紙對折再畫表示重視人我的分際及權益、公私分明、不喜歡占別人便宜也不喜歡別人占她便宜。

同性戀

同性戀的畫風有一半很容易分辨出來，但另有一半則要靠主試者技巧性的問答才可顯露出來。容易分辨的那一半，他們畫男生和女生的模樣類似，不刻意區分男、女外型特徵的差異，一般只會從頭髮或裙子簡單區辨出不同。不容易區分的同性戀族群通常是扮演男性的女生或扮演女性的男生，因為他們仍然可以沒有困難地畫出男、女生的外型差異，只是對於這些受試者的畫人解釋，往往會產生很大的誤判，因為會將他們的角色錯置而導致錯誤的解釋。通常同性戀的人其人際關係也較差，對環境有適應不良的機率較高，但不影響其工作能力。判斷受試者是否為同性戀有助諮商、輔導功能。

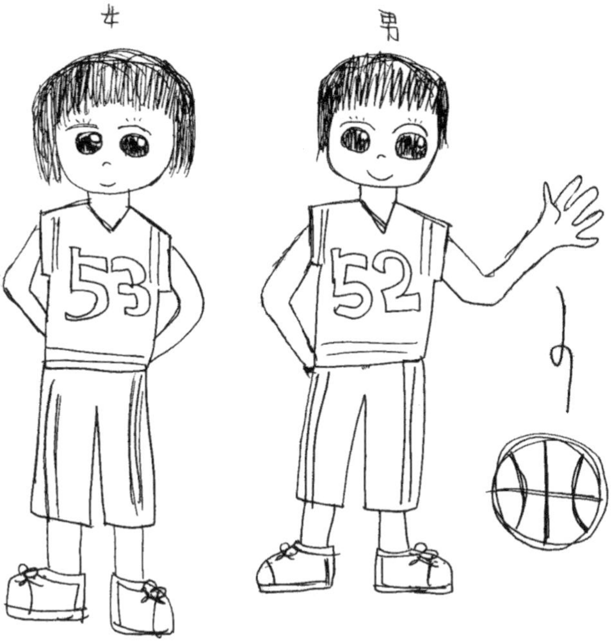

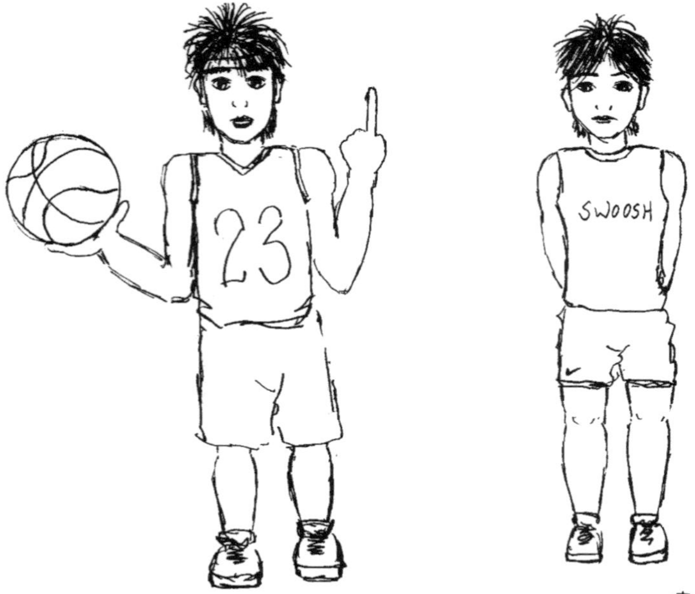

這是大四女生畫的，
圖形偏大、雜線多、頭髮有陰影，
表示有自信、執著、要求完美、有人際的情緒困擾。
男、女外型相似表示她是一個男性化的女生、
喜歡運動、有同性戀傾向。
強調頭部及眼睛表示重視人際關係、重感情。
從頭到腳畫完整表示有責任感、有擔當。

這是小學六年級女生畫的，圖形大、雜線多、頭髮有陰影，
表示有自信、表現需求強，但多慮、有人際的情緒困擾。
服飾修飾少表示做事大而化之。
男、女外型相似表示她是一個男性化的女生或兩性關係並未成熟。
強調頭部及眼睛表示重視人際關係、重感情。

這是大二女生畫的，圖形偏大、雜線多、有陰影，
表示有自信、但多慮、有情緒困擾。
沒畫五官表示有人際疏離的情況。
服飾修飾少表示做事大而化之。
男、女外型相似表示她是一個男性化的女生、有同性戀傾向。
手腳簡化表示有無助感。

這是高二男生畫的，圖形小、身體簡化，
表示有自我防衛、缺乏自我要求，
有自卑、離群或適應不良的現象。
男、女外型相似表示有同性戀傾向。
手腳簡化表示有無助感。

這是大二男生畫的，雜線多、頭髮有陰影，
表示多慮、有人際的情緒困擾。
男、女外型相似表示他是一個女性化的男生、有同性戀傾向。
沒畫眼睛表示有人際疏離的情況。
手腳簡化表示有無助感。

兩人牽手

兩人畫牽手表示受試者沈浸在愛情、陪伴中，通常處於戀愛狀態或重視親密關係。牽手狀態可能會隨著時間而改變，當失戀或分手時，受試者就不再畫出牽手的圖形。牽手與否可顯示受試者當時的情緒或心情，有助諮商、輔導功能。

這是碩一男生畫的，
圖形偏大、品質不錯，
表示有自信、自我約束高、負責任。
兩人牽手、女生頭髮有陰影，
表示正處戀愛中、
主要的情緒困擾來自女生。
服飾修飾多，
表示做事重視細節、重視形象。
強調頭部和頭髮，
表示重視人際關係、
喜歡打扮、自視高。

這是大四女生畫的，圖形偏低、頭髮有陰影，
表示需要別人的肯定，有來自人際的情緒困擾。
兩人牽手，表示正處戀愛中。
女生形體較小，表示她以男性為尊、是一個順從、容易滿足的女生。
服飾修飾不多，表示做事不拘小節。
強調頭部、嘴巴、有畫耳朵，表示重視人際關係、喜歡開朗、熱鬧，
在乎別人的評價。

這是大四男生畫的，
從頭到腳畫完整、頭髮有陰影、有雜線，
表示有責任感、主要的情緒困擾來自人際。
兩人牽手，表示正處戀愛中，需要陪伴。
由男生外形來看，他是一個溫和的紳士。
服飾修飾不多，表示做事不拘小節。
有畫耳朵，表示重視別人的評價。
手腳有簡化的現象，
表示在某方面有無助感、
自我功能沒有完全發揮。

這是 31 歲女性畫的，從頭到腳畫完整、品質佳，
表示有責任感、自我約束高、要求完美。
服飾修飾多，表示做事重視細節、追求時尚、喜歡打扮。
兩人牽手，表示正處戀愛中。
男生外形比較大，表示她以男性為尊，是一個順從、配合、貼心的女性，
喜歡開朗、成熟、穩重、事業有成的男性。
強調眼睛、嘴巴，表示善解人意、健談。
對鞋子有特別的偏好。

這是31歲男性畫的，從頭到腳畫完整、品質佳、頭髮有陰影，
表示有責任感、要求完美、自我約束高，有來自人際的情緒困擾。
兩人牽手，表示正處戀愛中，需要陪伴。
由男生外形來看，他是一個社會成熟度高、事業心重、重視形象，
做事重視細節、主觀、執著的人。
強調眼睛、耳朵、嘴巴，表示重視人際互動、在乎別人的評價，
是一個能言善道、健談的男性。

現實感不足

現實感不足的人畫不出人物的實際形體，對人的興趣不大，對人的概念也不足。這類的人社會成熟度不佳、人際成熟度也不佳，他們無法看見自己的問題。

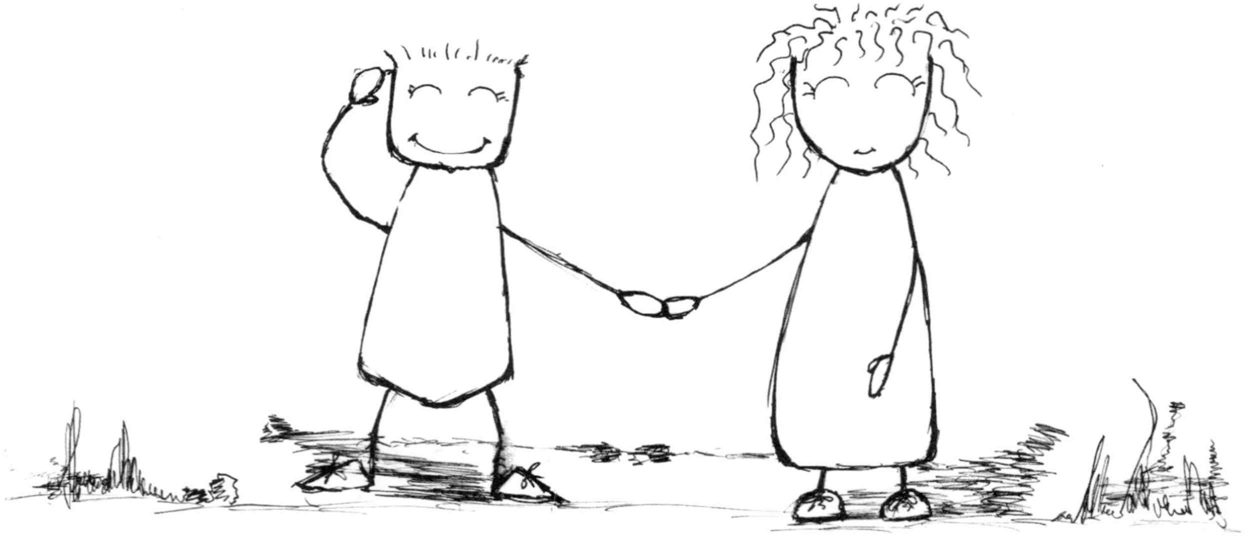

這是大三男生畫的，圖形偏大、筆觸重、有陰影，表示有自信、有自己的想法、自我要求高、有焦慮的感覺。兩人牽手，表示正處戀愛中。由人物外形來看，他是一個缺乏現實感的男生、人際成熟度不佳，社會成熟度亦不好，太理想化。服飾無修飾，表示做事不拘小節、一板一眼。身體、手腳簡化，表示有無助感、自我功能沒有完全發揮。

這是大二女生畫的，圖形簡化，表示她是一個缺乏現實感的女生，
有自己的想法、自我約束高、有自我防衛。
服飾無修飾，表示做事不拘小節。
身體、手腳簡化，表示有無助感、自我功能沒有發揮。

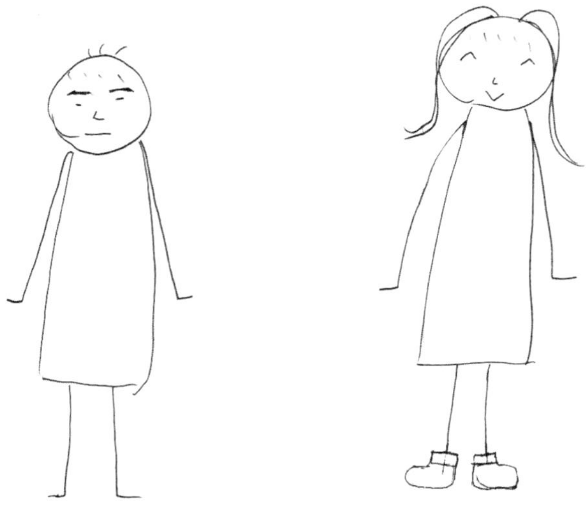

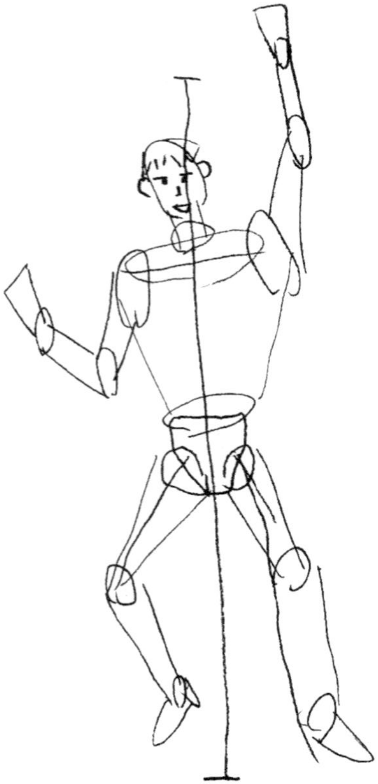

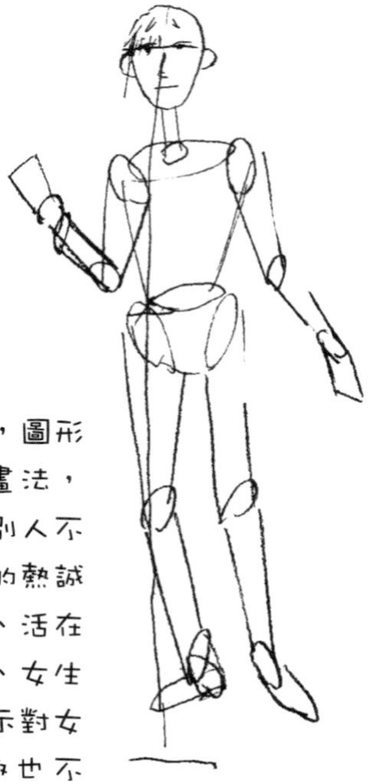

這是碩一男生畫的，圖形偏大、類似機器人畫法，表示有自信、有與別人不一樣的想法，對人的熱誠不大、缺乏現實感、活在自己的世界中。男、女生沒有太大差異，表示對女生不甚了解、興趣也不大。身體、手腳怪異，表示社會成熟度不佳、自我功能沒有完全發揮。

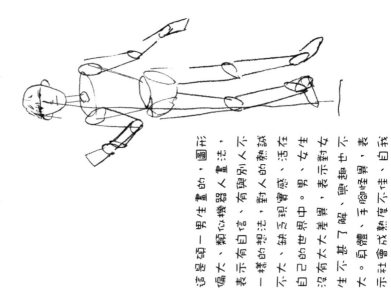

5

企業主管的篩選工具

他（她）是好員工嗎？

好員工通常擅長處理行政事務。行政事務類型的畫人特色是線條非常整齊無雜線，圖形大小適當、筆觸適中，可快速勾勒出完整的線條，裝飾恰如其分，性別角色不特別凸顯，整體比例佳、強調頭部，人形接近實際的模樣、服飾一般樣式、不特別強調風格。一般而言，行政執行類型的人自省能力強、自我約束高、遵守社會規範、負責任、做事有效率、謹慎細心，親和力強，以團體為重，是好員工、好助手型的人。行政事務類型的人不需要太多個人表現的空間，通常若將事情的步驟及程序交代清楚，他們會扮演好執行者的角色，但他們可能比較缺乏魄力、開發、管理及領導的能力。

這是大二女生畫的，
圖形不大、筆觸不重、無雜線、男女分明，
表示重團體不求個人表現、不堅持己見、配合度高、
需要他人肯定、自我約束高、男女角色認知成熟。
頭部比例較大表示重視人際關係。
手腳簡化表示尚未充分發揮自我才能。

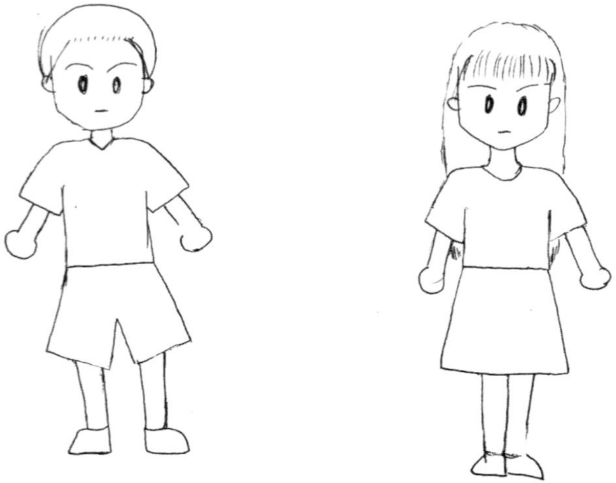

這是大二女生畫的，圖畫適中、線條品質佳、無雜線，
表示她自我要求高、情緒穩定、順從性高、人際配合度高、
合作性高、穩定性高，是好員工類型的人。
兩手攤開表示容易信任別人。
手部簡化表示沒有適得其所。

這是大二女生畫的，這張圖的人物大小偏小，但圖畫品質俐落有創意，
表示遵守社會規範、有責任感，沒有太多個人主義。
整體圖形偏下且男、女生互相牽手，表示正處戀愛中、需要好朋友陪伴。
兩手張開表示容易信任他人。強調眼睛表示重感情。
服裝為學生服、可愛，表示成就需求高、遵守社會規範、思想天真，
屬於好學生、好員工的類型。

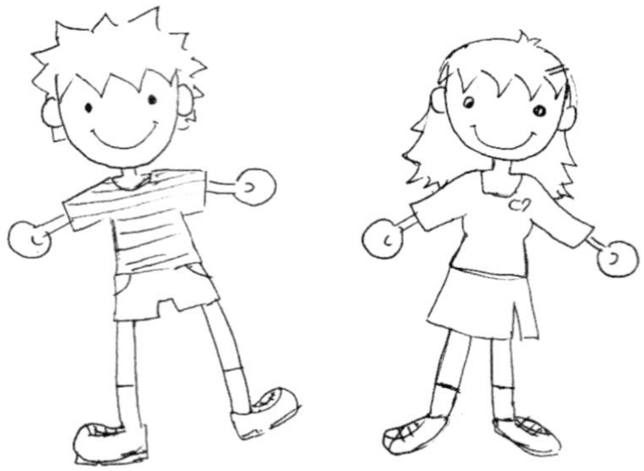

這是 20 歲女生畫的，圖形大小適中、品質佳、無雜線，
表示不強調個人表現、不堅持己見、自我要求高、配合度高、情緒穩定。
強調頭部，表示重視人際關係。
服飾裝飾多、運動服樣式表示做事重視細節、愛好運動、社會成熟度不錯。
由女生服飾推測，她是一個男女角色認同得宜、循規蹈矩、認真負責、開朗活潑的女生。
兩手敞開表示對別人容易產生信任。
手部簡化但腳部精緻，表示某方面有無助感、自我功能沒有完全發揮，但很想成為一個有價值的人。

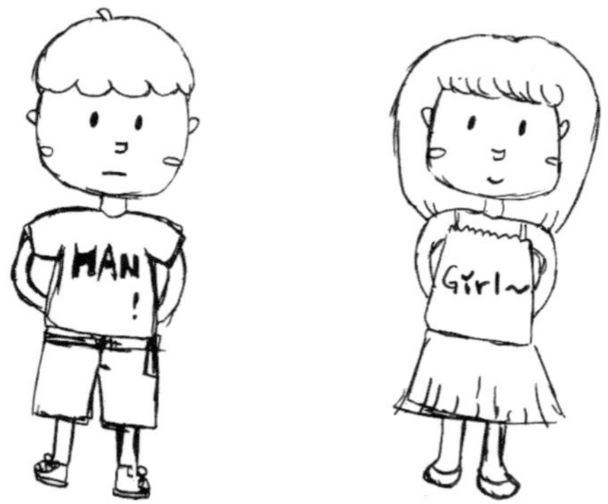

這是大二女生畫的，圖形大小適中、品質佳、無雜線，
表示不強調個人表現、但有些固執、要求完美、理想化。
強調頭部、臉型方正，表示重視人際關係、做事一板一眼。
服飾裝飾多表示做事重視細節。由女生服飾推測，
她是一個有吸引力、單純、循規蹈矩、有責任感、但有些壓抑的女生。
兩手背後表示個性比較被動、需要鼓勵。
手腳比例較小，表示需要別人的肯定。

這是大二女生畫的，圖形大小適中、品質佳、無雜線，
表示不強調個人表現、自我要求高、社會成熟度高。
強調頭部、眼睛、頭髮有陰影，
表示重視人際關係、善於察言觀色，
但有來自人際的情緒困擾。
由女生服飾推測，她的人際成熟度高，
是一個負責上進、獨立自主、循規蹈矩、女性特質強、
事業心重、企業能力強的能幹女生，
但有些強勢及固執。

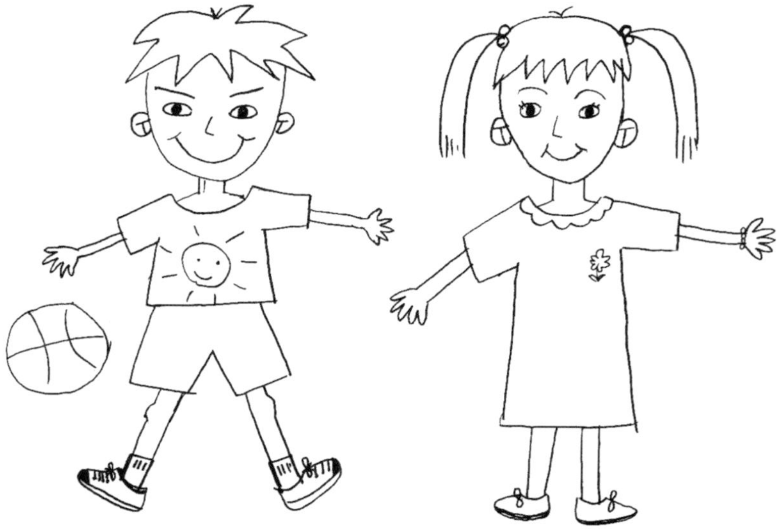

這是大三女生畫的，圖形品質佳、無雜線，表示自我約束高、情緒穩定。
圖形大小適中、頭部描繪適當，表示人際合作性及協調性佳，沒有太多個人主義。
人形從頭畫到腳完成表示做事負責任。兩手敞開表示容易建立信任關係。
強調耳朵表示重視他人對自己的評價。整體可愛的感覺表示思考比較理想化。

這是大二女生畫的，圖畫偏小、線條品質佳、無雜線，
表示她自我要求高、情緒穩定、順從性高、沒有個人英雄主義、
人際配合度高、合作性高、穩定性高，是好員工類型的人。
兩手攤開表示容易信任別人。頭部比例大表示重視人際關係。
手腳簡化表示自我功能沒有充份發揮。

這是大四女生畫的，圖形大小適中、品質佳、無雜線，
表示不強調個人表現、不堅持己見、自我要求高、配合度高、情緒穩定。
強調頭部，表示重視人際關係。
服飾裝飾多表示做事重視細節、重視形象、社會成熟度不錯。
由女生服飾推測，她是一個傳統、安分守己、
循規蹈矩、有責任感、強調專業的女生，以男性為重。
兩手敞開表示容易信任別人。
手腳比例較小，表示需要別人的肯定。
臉型方正表示做事一板一眼。

這是 28 歲女性畫的，
圖形大小適中、筆觸輕重適中、品質佳、有陰影、無雜線，
表示不強調個人表現、不堅持己見、自我約束高、配合度高，
但有少許來自人際的情緒困擾。
強調頭部、有畫耳朵，表示重視人際關係、在乎別人的評價。
服飾裝飾多，表示做事重細節、社會成熟度不錯。
由女生服飾推測，她是一個重視形象、喜歡打扮、安分守己、
循規蹈矩、有責任感、順從的女生。
兩手敞開表示容易信任別人。

這是研一女生畫的，圖形偏大、品質佳、有陰影，
表示有自信、成就需求高、自我要求高、但有來自人際的困擾。
服飾修飾多、男女穿著適當，
表示社會成熟度高、做事重視細節、
有責任感、男女性別角色認知成熟、適合從商。

這是大三女生畫的，圖形品質佳、無雜線，
表示自我約束高、遵守團體規範、情緒穩定。
圖形大小適中、頭部描繪適當，
表示人際合作性及協調性佳，沒有太多個人主義。
人形從頭畫到腳完成表示做事負責任。
男、女衣著適當、兩手敞開，
表示應對得宜、容易產生信任關係。

這是大三女生畫的，圖形大小適中、品質佳、無雜線、頭髮有陰影，
表示沒有太多個人主義、自我要求高、負責任，但有來自人際的情緒困擾。
強調頭部、眼睛，表示重視人際關係、忠誠度高。
人形從頭畫到腳、女性褲裝、偏小，
表示做事有責任感、勤勞、肯幹、尊重他人的意見。

他（她）聰明嗎？

推理思考強的人其畫人特色是整體品質不佳、很少裝飾，性別角色不特別凸顯、忽略眼部、身體比例多半不佳、整體表現無特色、完成速度快、精細度不夠、不拖泥帶水，常省略某些身體部位，服飾沒有樣式，很少擦拭或修改，圖形大小適中。一般而言，研究思考類型的人左腦比較發達因此比較理性，情緒表達較直接，抽象、推理思考能力強，自我功能強，做事快速，不拘小節，不擅人際，獨立性高。但研究思考類型的人缺乏觀察敏銳度、也缺乏同理心，人際關係較弱，固執、做事不夠圓融且缺乏彈性，主觀意識較強，適合獨自在實驗室工作，不擅與人團隊合作。邏輯類型的人則頭腦清晰，操作能力強，處事率直，異性需求弱，不在乎他人的評價、缺乏管人的能力。

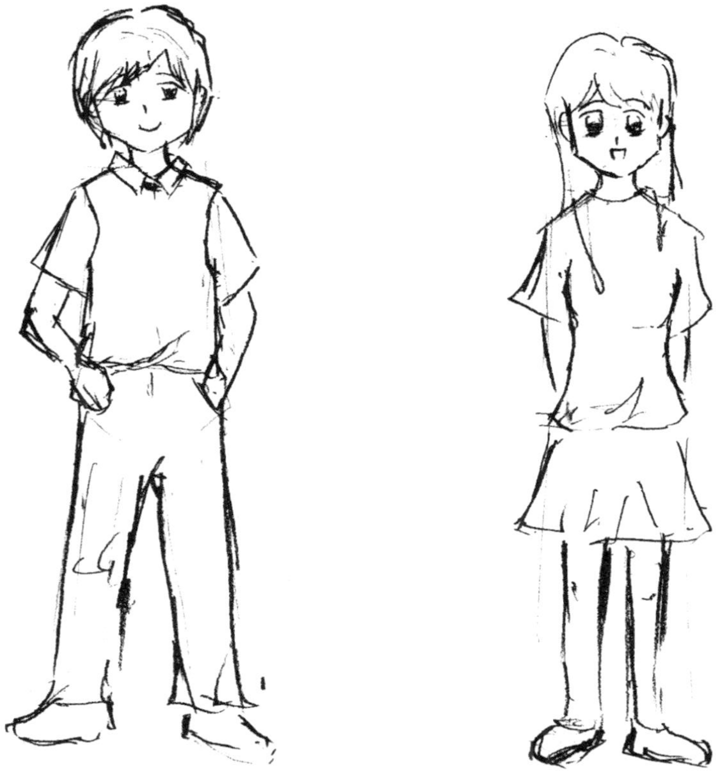

這是大二女生畫的，
圖形偏大、人形比例佳、
修飾不多、有雜線，
表示有自信、邏輯能力佳、
聰明、不喜束縛。
從頭到腳有畫完整表示做事負責、
能力強。
眼睛描繪細緻表示善解人意、
重感情。
兩手背後面表示人際被動。
穿制服表示成就需求高。

這是 19 歲女生畫的，
人形比例佳、品質佳、從頭到腳畫完整、無太多雜線、頭髮有陰影，
表示成就需求高、邏輯思考能力好、聰明、負責任、循規蹈矩、自我要求高、但有來自人際的情緒困擾。
強調頭部、嘴巴，表示重視人際關係，是一個開朗、健談的女生。

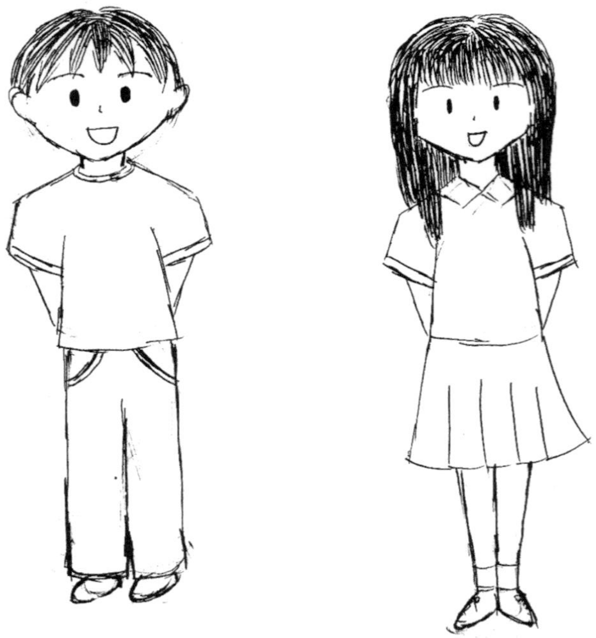

這是約33歲已婚女性畫的，
圖形偏大、人形比例佳、品質還好、有些許陰影，
表示有自信、聰明、邏輯思考能力佳，但有一些來自人際的困擾。
先畫男生且體型較大，表示尊重男性的地位及價值、順從性高，
是一個循規蹈矩、遵守規範的人。

這是研一的女生畫的，
圖形偏大、人形比例佳、品質佳、從頭到腳畫完整、無太多雜線、頭髮有陰影，
表示有自信、邏輯思考能力好、聰明、負責任、自我要求高、但有人際困擾。
先畫男生且人形較大，表示重視男生的地位及價值，順從性高。
女生身著褲裝、無袖性感背心，表示勤勞、能幹、有異性需求。

這是大三的女生畫的，圖形大、人形比例佳、品質佳、從頭到腳畫完整、有雜線，表示有自信、邏輯思考能力好、聰明、自我要求高、負責任、但會有一些多慮、強迫的情緒困擾。強調頭部、眼睛、嘴巴、有畫耳朵，表示重視人際關係、善解人意、有語言天分、多疑、在乎別人的評價。由女生服飾推測，她重視形象、喜歡打扮、具吸引力，男女角色發展成熟度高，做事重視細節，對鞋子有特別的偏好。

他（她）具有領導特質嗎？

主管領導類型的畫人特色是整體圖形大、筆觸適中且穩定、線條不亂、完成速度俐落、性別角色清楚、整體比例拿捏適當、頭部及眼睛描繪精緻、服飾偏專業成熟樣式。一般而言，主管領導類型的人有自己的想法，開創性佳、積極、自信、獨立、不懼、勇於表現、有主見、有擔當、有魄力、行動力強，成就需求也較高。不喜歡拖泥帶水、猶豫不決的做事態度，也不喜歡卑躬屈膝、唯唯諾諾的工作角色。領導類型的人若能給予充分的空間發揮理想，他們會扮演一個很好的領導角色；但若諸多限制、綁手綁腳，則會發現他們並不馴服也不一定容易管理，英雄主義較重。

這是約35歲男性畫的，
圖形大、
從頭到腳比例及修飾都掌控不錯，
表示有自信、
企畫及執行能力兼備，
適合當主管。
服飾修飾適當表示社會適應良好、
情緒穩定。
肩寬表示有擔當。
眼睛簡化表示人際技巧需要加強，
自視較高。
男、女生外型區辨清楚且適當，
表示兩性認知發展成熟度高、
社會成熟度也高。

這是43歲已婚女性畫的，圖形大且有創意、從頭到腳比例及修飾都掌控不錯，表示有自信、有創意、有自己的想法、兼具企畫及執行能力，適合當主管。裝飾豐富表示做事重視細節、人際成熟度高。強調眼睛表示同理心高。男、女生外型區辨清楚、距離接近，表示兩性關係良好、人際親和力強。

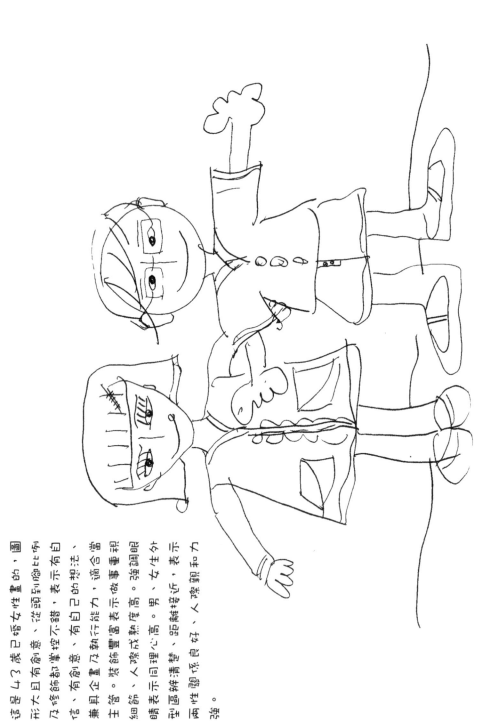

這是51歲已婚女性畫的，圖形大、品質佳、強調眼睛，
表示有自信、有理想、有熱誠，對人仍具有高度的關懷及興趣。
服飾端莊表示她的觀念及價值觀保守。
男生畫的衣著傳統，頭髮略有陰影，
表示對異性的看法仍很守舊，親密關係可能不佳。
女生人形比較大表示女強人型、不依賴他人、獨立自主。

這是 26 歲男性畫的，圖形大、品質佳，表示自我要求高、有能力、有抱負、獨立自主。
人形從頭畫到腳完整表示做事負責任。男生肩膀寬闊表示有擔當。
先畫女生表示女性在心中有重要地位。
男、女生外型成熟穩重表示男女角色發展成熟、社會成熟度高，
需要異性伴侶的鼓勵。

他（她）具有藝術天分嗎？

藝術創造類型的畫人特色是精細度高、裝飾豐富、線條品質浪漫且富美感、整體圖形比例偏理想化，筆觸適中、圖形偏大，偏重身體姿勢及修飾，服飾設計感強、有獨特的風格。一般而言，創意設計類型的人有自己獨特的想法，獨創性高、不落俗套、感性唯美、不喜束縛、愛好自由、自視較高。不喜歡墨守成規、約定俗成的做事態度，也不喜歡一成不變的規律性工作。藝術創造類型的人比較理想化，不擅長生活瑣事，也不容易被馴服，若能給予充分的想像及發揮的空間，他們會將藝術及創作的才能融入工作中。但通常他們與伙伴的團隊及合作性較差，會清楚選擇適合自己的工作，不委屈求全。

這是60歲已婚男性畫的，
圖形有創意、品質佳，
表示有藝術天分、
自我要求高，
雖然已60歲但心不老、
仍對事業熱誠非常高。
男生服飾專業表示事業心重。
女生服飾性感表示異性需求強，
喜歡美麗年輕外型的女性。
裝飾豐富表示做事重視細節、
社會成熟度高、講求專業、
適合從商。
強調眼睛表示人際成熟度高、
重感情。

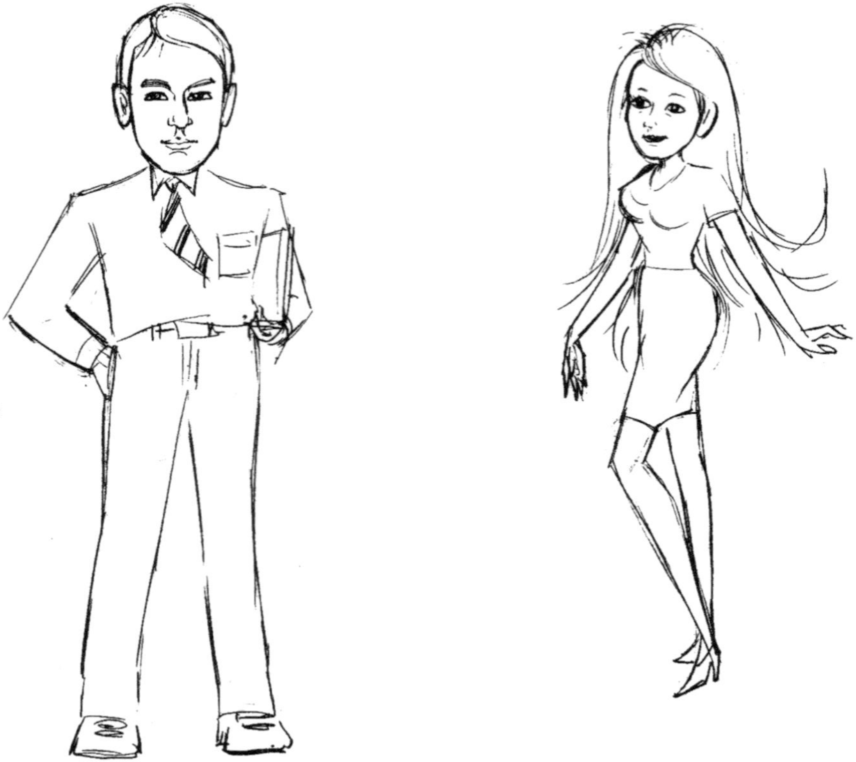

這是 19 歲女生畫的，
圖形有創意、品質佳、有陰影、有劇情，
表示她有自己的想法、要求完美、
桀驁不馴、有藝術天分，
但有某方面的情緒困擾。
女生提書包、身著無袖短裙，
表示成就需求高，
但重視外形、喜愛打扮。
強調頭部、眼睛、有畫耳朵，
表示她重視人際關係、有些高傲、
在乎別人對自己的評價。
女生偏小，
表示重視男性在自己心裡的地位及價值，
但又對耍帥的男生有些不屑。

這是20歲女生畫的，圖形有創意、品質佳、筆觸輕，表示她要求完美、有藝術天分、太過理想化、缺乏現實感、自尊心強，但需要他人的肯定、害怕犯錯。女生提書包、身著正式服飾，表示成就需求高、重視形象。強調眼睛、有畫耳朵，表示她善解人意、在乎別人對自己的評價。女生偏小，表示有順從傾向。

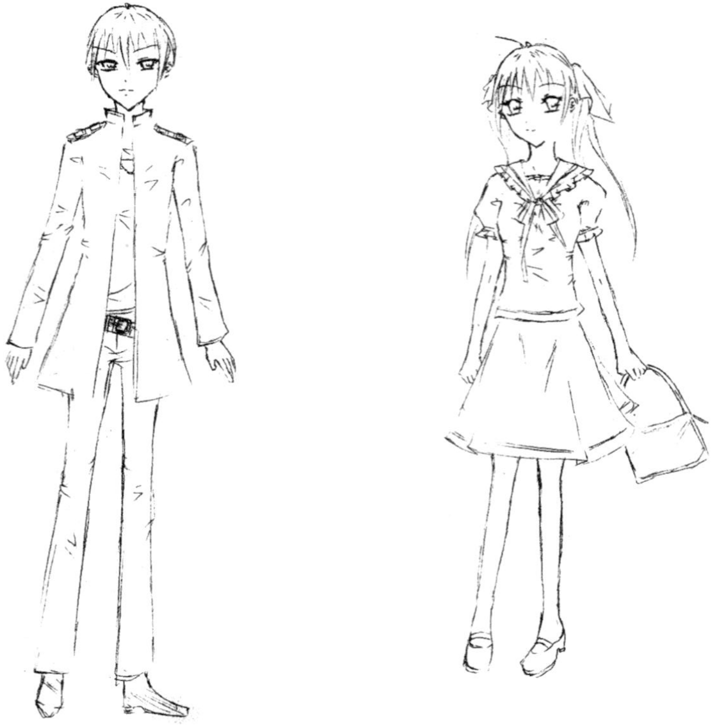

這是大二男生畫的，圖形有創意、品質佳、有陰影，表示他有藝術天分、要求完美、桀驁不馴，有壓抑、多慮、強迫的情緒困擾。服飾修飾精緻，表示做事講求細節、重視形象、講究品牌及物質慾望。男生體型較大、兩人牽手，表示在戀愛中但有自我中心、大男人主義的傾向。眼睛空洞、嘴巴一直線，表示他有些高傲、親和力不佳、經常不滿足。對鞋子有特別的偏好。

這是大三女生畫的，圖形大且有創意但有陰影、從頭到腳比例及修飾都掌控不錯，表示有自信、有自己的想法，但有來自人際的困擾。

裝飾豐富表示做事重視細節、社會成熟度高、重視物質的價值、適合從商。

強調眼睛表示人際成熟度高、重感情。女生服裝性感表示異性需求高。

男生服裝紳士、穩重成熟的模樣，表示她喜歡溫和、有事業的男士。

這是大二女生畫的，
卡通畫法而且有創意、整體視覺效果美美的，
表示有藝術天分、想像力豐富、喜歡作夢。
有場景、有陰影，表示有來自人際的困擾。
圖畫品質佳表示自我要求高。
裝飾豐富表示做事重視細節、
成就需求高、社會成熟度高。
女生服飾修飾精緻且人形比男生大，
表示重視形象、能力好、女強人型。
男生偏小表示男性在她心中沒有分量。

這是大二女生畫的，圖形有創意、整體視覺效果佳，表示她有自己的想法、聰明、有藝術天分、重視形象。強調頭部及眼睛，表示她人際成熟度高、有女人味、有異性需求。女生偏小表示對異性而言是個貼心、善解人意的小女人。服飾修飾線條佳，表示社會成熟度高、重視物質慾望，鞋子有偏好。

這是大二女生畫的，圖形有創意、有雜線、有陰影，
表示她有藝術天分、感性、浪漫、桀驁不馴，
但有來自人際的情緒困擾。
從服飾樣式推測，她具有藝術及設計的能力、社會成熟度高，
好像活在幻想的小世界裡、缺乏現實感，
可能對男性有嫌惡的情節，心情不開心。

他（她）的人際關係好嗎？

人際關係好的人具有同理心、利他、善解人意、親和、友善、合作、順從的特質，其畫人的特色是強調頭部和眼睛、線條柔和、協調，筆觸適中，開心喜悅的表情；圖形大小適中，整體繪畫品質佳，裝飾豐富，性別角色明顯，整體比例佳。這類型的人屬社會性人格特質，雖資質不特別好，但受人歡迎，社會適應好、情緒穩定，團隊合作能力好、喜助人、喜人群、不堅持己見，是一個善解人意、貼心體諒的好同伴。但這類型的人有時需要督促及引導，否則會缺乏目標，主觀意識弱、不喜歡支配、主導、管理、規劃的工作，容易受別人影響，需要他人的肯定和讚美，缺乏自主性，求助及陪伴的需求高。

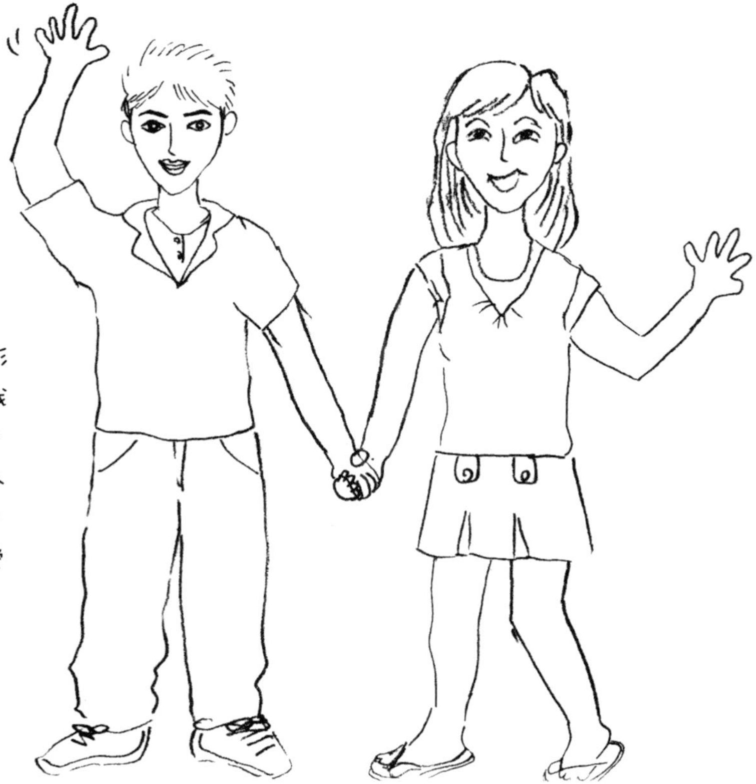

這是42歲女性畫的，圖形偏大、品質佳，表示她自我要求高、正向積極有理想。頭部、眼睛修飾佳，表示人際成熟度高、個性開朗。男、女牽手表示正處戀愛中、重視愛情、喜歡陪伴。女生穿著夾腳鞋表示能幹、務實。

這是約 25 歲女性畫的，
圖形適中、品質佳、有少許雜線，
表示成就需求高、自我要求高，
但多慮、有來自人際的困擾。
強調頭部及眼睛，
表示重視人際關係、重感情。
女生畫得稍大，
表示獨立自主、有女強人傾向。

這是42歲已婚女性畫的，
圖形適中、品質佳、有少許雜線，
表示自我要求高、負責任、有些多慮。
強調眼睛，表示人際成熟度高、
社會成熟度也高、善解人意、重感情。
女生服飾修飾多、面向男生，
表示做事重細節、重視形象，
尊重伴侶的意見。

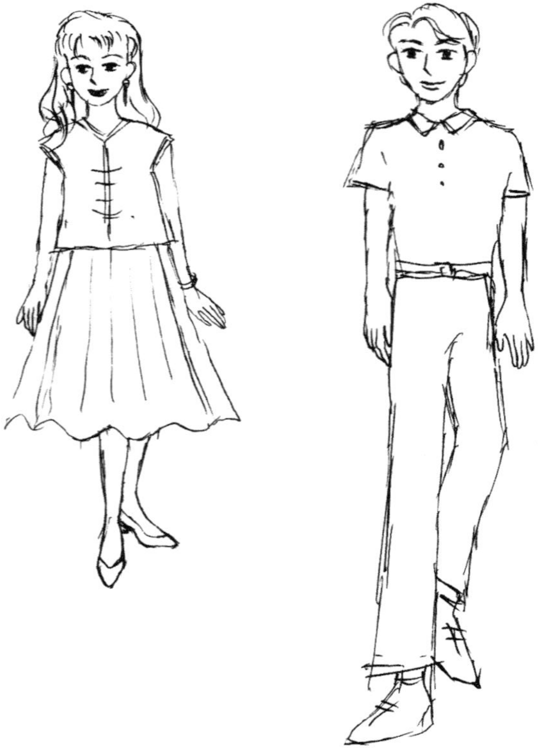

這是約30歲女性畫的，
圖形適中、品質佳、有少許雜線，
表示自我要求高、有責任感、社會成熟度高，
但有多慮、缺乏安全感的情緒困擾。
人形比例佳，表示聰明、邏輯能力強。
強調眼睛、嘴巴、耳朵，
表示人際成熟度高、善解人意、重感情，
健談，在乎別人對自己的評價。
由女生服飾推測，她是一個傳統、能幹的女性，
行為得宜、成熟穩重。
女生畫得偏小，
表示她是一個順從、以男性為尊的女性。

甄選出你的業務高手

業務高手不僅要人際關係好，社交手腕也要好，更要具備能伸能縮、識時務者為俊傑的特質。業務高手除需具備良好的能言善道的天分外，他們的社會適應能力也特別強。因此通常業務高手是兼具社會性及領導性的部分綜合特質。

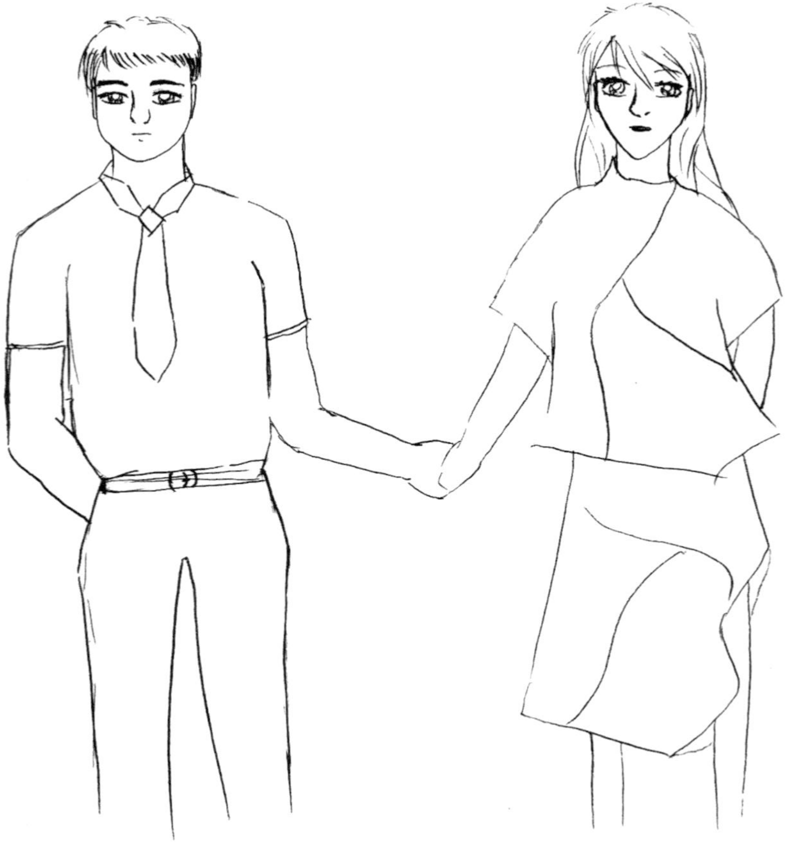

這是大四女生畫的，圖形大、品質佳、強調眼睛，表示有自信、有想法，重視人際關係、善解人意、有領導能力。服飾專業、成熟表示社交技巧佳、社會成熟度高。男、女牽手表示正處戀愛中。手、腳有些簡略表示才能沒有充分發揮、沒有適得其所。服飾為上班族穿著表示事業心重、適合從事業務。

這是約42歲已婚男性畫的，圖形偏大、品質佳，
表示自我要求高、聰明、有創意。
女生服飾修飾成熟、性感，表示異性需求高、兩性關係良好，
喜歡外型姣好、聰明、性感的女性。
男生服飾專業表示事業心重，適合從事業務、企管的工作。
服飾修飾多表示做事重細節、社會成熟度高。
強調頭部及五官表示人際技巧佳，適合從商。

這是大二女生畫的，圖形偏大、品質佳，表示自我要求高、能力強、獨立自主。
男生服飾專業表示喜歡有事業成就的男性。強調頭部表示重視人際關係。
圖形有些頭重腳輕表示做事容易虎頭蛇尾。
服飾為上班族樣式表示喜歡從事業務工作、社會成熟度高。

想當老闆嗎？

想當老闆的人與具備領導特質的人相似，但仍有些差異。具備領導特質的人適合當主管，人際關係要佳，擅長管理員工，也要有企劃的能力，應該是老闆需要的得力助手。但適合當老闆的人或許有些專制和跋扈，掌控慾望較大，常常想做超出自己能力範圍的事。與人的合作性不佳、人際關係也不一定好，比較主觀及自我中心。通常老闆的畫人圖形大小超大、有些怪異、強調頭部及上身。

這是42歲女性畫的，圖形大、筆觸重，表示個性固執、有理想、能力強、有幹勁、獨立自主。人形從頭畫到腳完整表示做事負責任。女性服飾傳統表示她是一個價值觀傳統、保守的人。強調眼睛表示重視人際關係、善解人意、重感情、對人執著。

這是約55歲已婚女性畫的，圖形超大，表示過分自信、充滿理想和抱負、有工作狂，喜歡掌控及作決策。男女兩人接近、腳沒畫完，表示需要陪伴、兩性關係良好、但會有超出自己能力的規劃。當主管有魄力但缺乏整體規劃，可能會有高估自己能力的狀況。

這是約 40 歲已婚男性畫的，圖形大且怪異，表示有與眾不同的想法、強勢、有野心。先畫女生顯示女生在他心中的分量，但女生外型強悍，表示希望自己的太太發揮理家的功能性任務。男生臉方表示固執沒有彈性。男女距離近，表示需要陪伴。強調眼睛、嘴巴，表示重視人際關係、對人主觀、執著。衣服修飾多表示做事重視細節、社會成熟度高。腳未完成，表示做事有虎頭蛇尾的情況。

這是約37歲未婚男性畫的，圖形大、修飾佳，表示有自信、有社交手腕、強勢、有創意。女生服飾修飾成熟、傳統，表示喜歡得體、專業的女性。男生服飾專業、側面，表示事業心重，有自己的想法、不容易接受別人的建議。服飾修飾多表示做事重細節、社會成熟度高、重視金錢的價值。強調眼睛表示人際成熟度高、社交能力好，適合從商。

6

透視情緒困擾的人畫像

畫人測驗針對過動、衝動或情緒困擾的受試者，發現他們畫人時出現怪異現象的比例較高，如顯示攻擊傾向、透明人或怪異線條等。針對專注力不足或發展遲緩的兒童，其畫人常見簡化手腳及身體不完整。過動、衝動的兒童，其繪畫中易出現武器、暴力、攻擊的傾向，甚至出現人體透明、分裂、怪異的現象。針對亞斯伯格症之自閉傾向的兒童，對畫人活動會產生抗拒的行為，例如，他們會找藉口畫其他內容或無法下筆，甚至將白紙撕掉或採取不合作的態度；即使他們勉強畫出人形也多半不畫頭部或臉部，這是很有意義的發現。一般而言，抗拒畫人或五官面孔留白的受試者，會有人際疏離的傾向、欠缺人際處理能力、抗拒與人群互動。

有情緒困擾的人，一般在整體的繪畫品質差、經常省略細節、精細度差、筆觸過重或過輕、比例差。在部位上則有頭部簡化、五官簡化、眼睛簡化、幾乎沒有服裝修飾、身體姿勢怪異、手部呈現不完整的現象。

畫透明的人

所謂畫透明人就是畫出衣服內的軀體形狀，或甚至畫出肺部等內臟、器官的形狀。畫透明人的受試者有妄想或不切實際的情緒困擾。

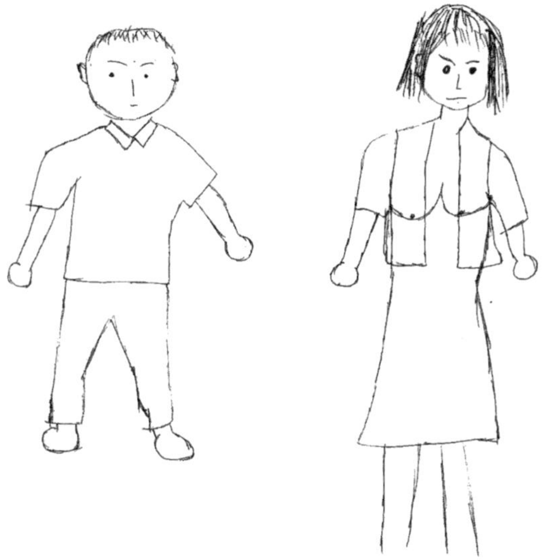

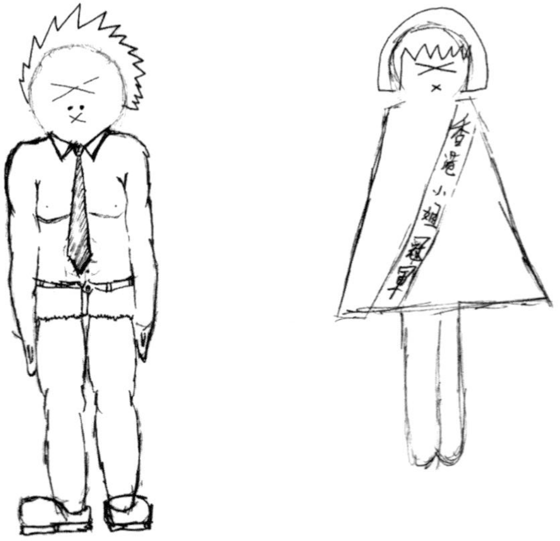

這是大二男生畫的，圖形怪異、臉上畫叉、半裸體，
表示他的本我和超我在拉鋸戰，性需求強甚至有性異常的狀況，
但心知不被社會接納所以產生情緒困擾。
男生描繪裸體但身著領帶，表示事業心重但又無法克服性需求的困擾。
女生描繪少表示對女生沒有太多概念。

畫側面的人

畫側面的人通常會有自己的想法及邏輯，比較不容易接受別人的建議，也比較自我中心。不過，不同的側面呈現也顯示了不同的含意。有些畫側面的人，男生、女生都側向同一面，或男生、女生側向彼此，或只畫與自己相同性別的人是側面，或只畫與自己相反性別的人是側面等等。

這是約 43 歲已婚女性畫的，男、女生人形大小差別很大，但整體品質佳、修飾精緻、筆觸重、略有陰影，表示她是一位要求完美的人，甚至有一些憂鬱、強迫的性格，主要的情緒困擾可能來自男性。女生服飾精緻、華麗，表示她做事重視細節、社會成熟度高、女性特質強、重視形象、重視金錢的價值。男生頭髮有陰影而且是小孩的模樣，表示她和先生的親密關係不佳、有以小孩為重心的情況。兩人都側同一面表示主觀意識強而且影響兒子，有自己的想法，不容易接受別人的建議。

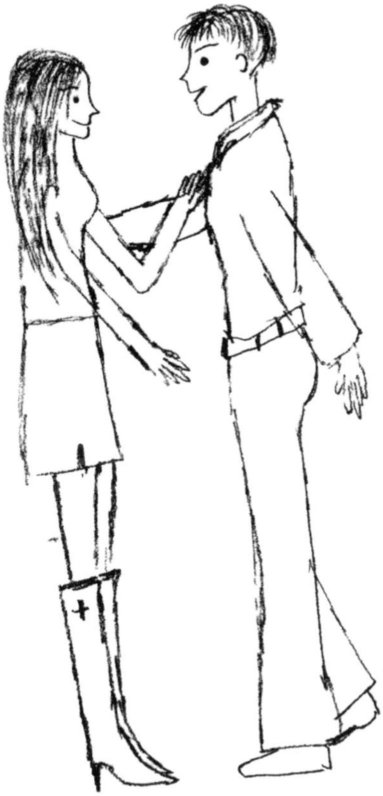

這是大二女生畫的，整體品質佳、頗有創意、但頭髮有陰影，
表示她是一個自我要求高的人、有自己的想法，有來自人際的情緒困擾。
男、女生互相側向彼此表示嚮往愛情和關懷。
女生服飾帥氣、優雅、不強調頭部眼睛，
表示女性特質強、重視形象，但個性孤傲、甚至有些叛逆。

這是大三女生畫的，整體品質佳、頗有創意，
表示她是一個自我約束高的人、但人形卡通畫法，
表示有不切實際的想法。
女生側向男生、強調眼睛、服飾可愛，
表示嚮往愛情、對感情執著、有夢幻少女的情懷。
男生服飾帥酷，表示她喜歡外型酷帥的男生。

這是大三男生畫的，整體品質佳、頗有創意、但有陰影，
表示他是一個要求完美的人、有自己的想法，有某方面的情緒困擾。
男、女生互相側向彼此表示嚮往愛情。
男生服飾得宜、簡化眼睛，表示他是一位成熟穩重、個性溫和，
但人際技巧不佳的人。
女生服飾可愛、優雅，表示喜歡活潑、可愛的女生。

畫裸體的人

畫裸體的人通常都有較強的性需求，甚至有性異常的狀況。但他們在學校或工作上的功能尚且能維持平衡、正常，如果不涉及他們的隱私或親密關係，一般不容易被察覺出來。

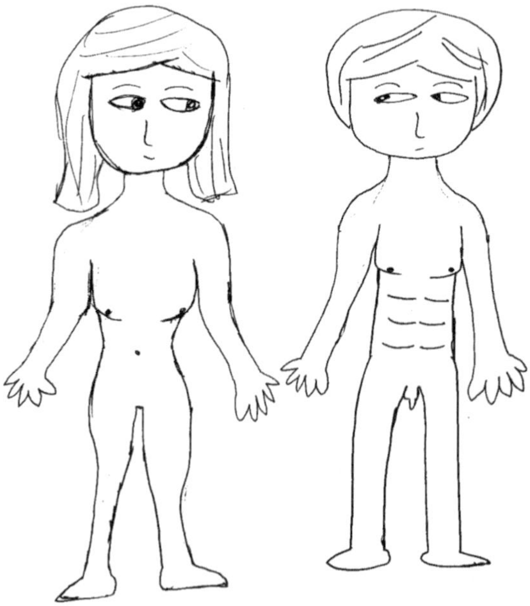

這是大二男生畫的，圖形品質不好、頭部有陰影，表示他的自我約束不佳、有來自人際的情緒困擾。兩人都畫裸體，表示性需求強烈或甚至有性異常的現象。男、女生外型相似表示有同性戀的傾向。男生畫一顆愛心表示需要被愛。手、腳簡化表示有些無助。

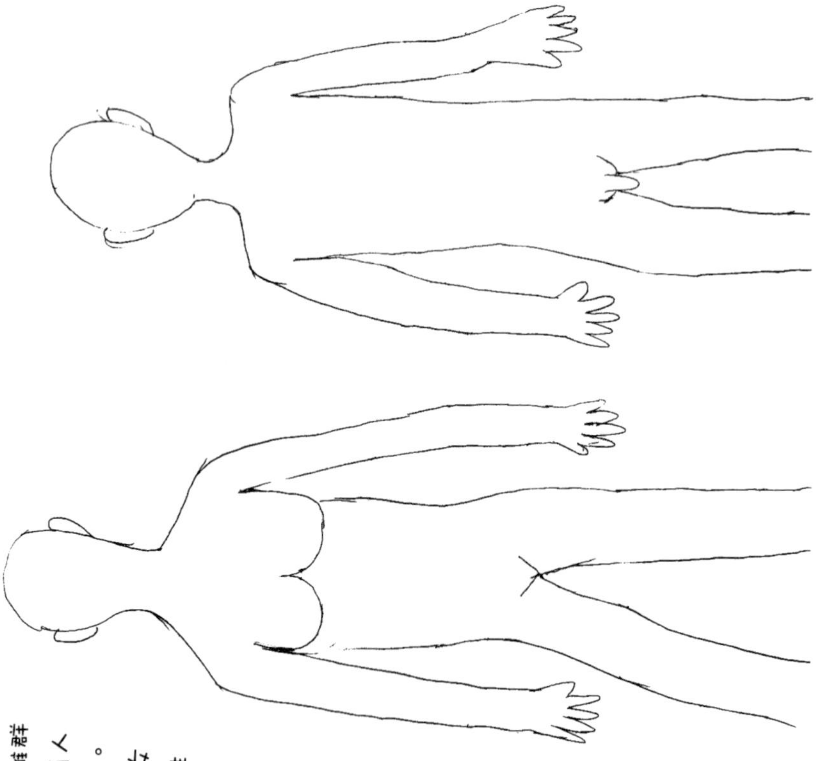

這是大二男生畫的，圖形品質不好但無雜線、沒有五官、沒有修飾，表示他有自我防衛及離群的傾向、做事不重細節。兩人都畫裸體表示性需求強烈。男、女生外型相似表示對女生沒興趣也沒概念，有同性戀的傾向。有畫耳朵表示重視別人對自己的評價。沒畫腳表示沒有擔當和魄力。

這是21歲大學男生畫的，裸體、雜線多、有陰影，表示有來自性方面的困擾。兩人都畫裸體，表示性需求強烈、有性異常的現象。男生畫得比較高，表示有大男人主義的傾向。畫圖前先將紙張對折再畫，表示重視人我之間的權利、義務界線。

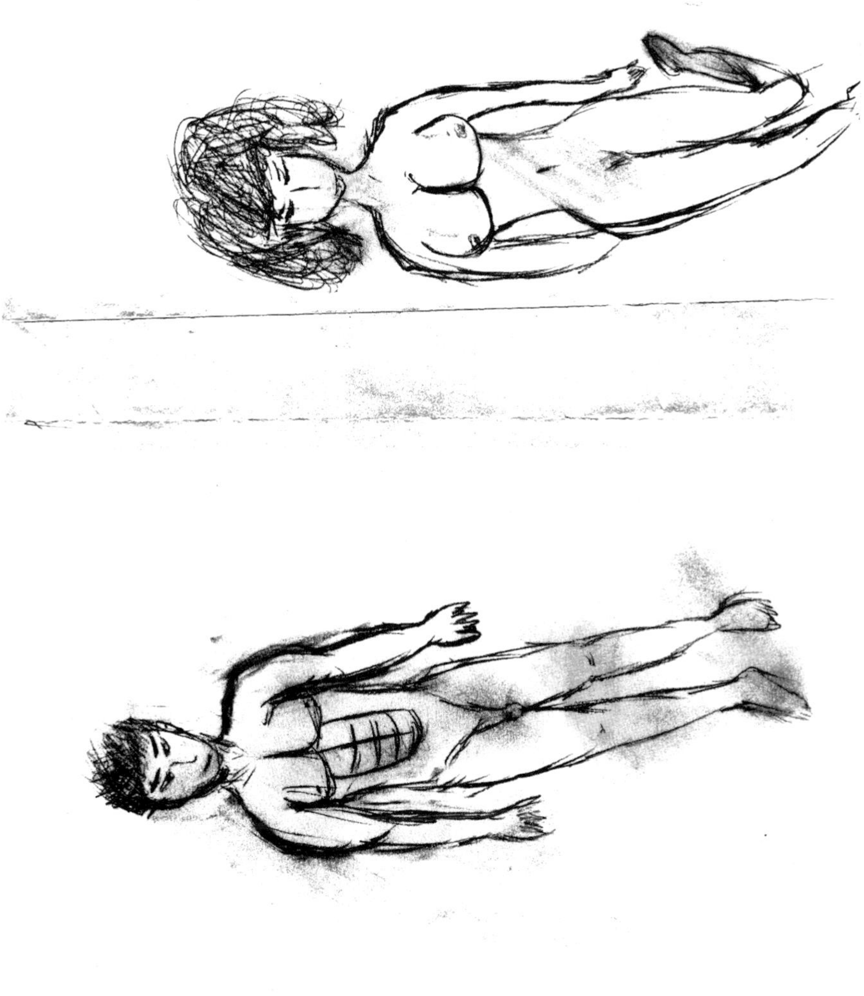

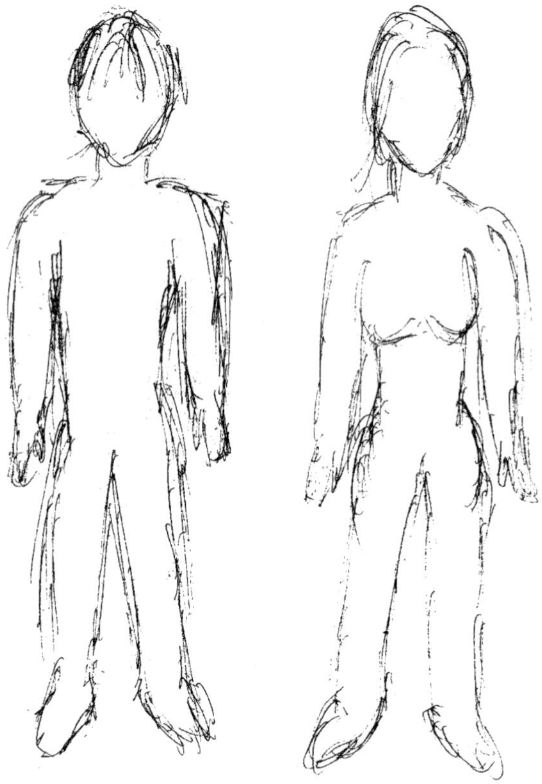

這是大二男生畫的，圖形品質不佳、有陰影，
表示他有自我防衛及情緒困擾，缺乏安全感。
無臉表示有離群的性格。
男、女生外型相似表示他有同性戀的傾向。
缺乏修飾表示做事不重細節。
雜線很多表示思慮複雜。

這是大四男生畫的，圖形怪異但雜線不多、強調肩膀、眼睛，
表示他是一個有擔當、自視頗高的人，但有來自性方面的困擾。
兩人都畫裸體，表示性需求強烈、有性異常的現象。
男生畫得比較小表示尊重女性，以女性的決定為決定。
男生的腳簡化，表示有些無助。女生的高跟鞋對他有特別的意義。

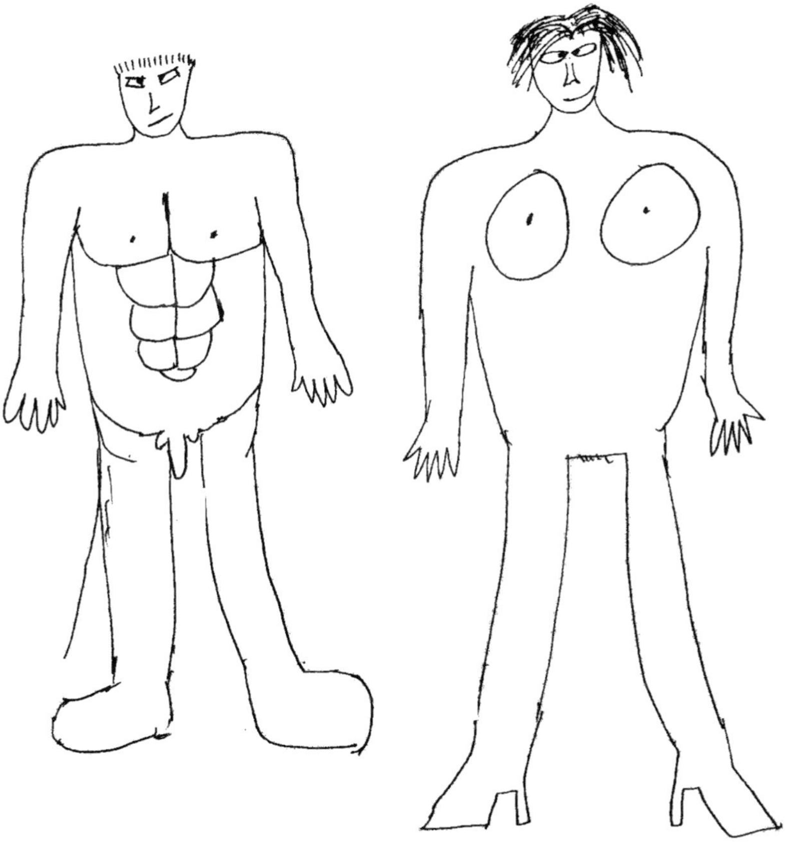

畫傾斜的人

畫傾斜的人通常有或多或少的情緒困擾，情緒經常失衡。如果整體的繪畫品質不差，基本上他們就還能控制及隱藏好自己的情緒困擾，但如果連畫人的品質都不好，則可能會直接影響他們的適應能力。

這是大三男生畫的，
圖形品質差、身體簡化、頭髮有陰影，
表示他的自我約束差、適應不良、有來自人際的困擾。
沒畫五官表示有離群的傾向。

這是大三男生畫的，圖形品質不好、人形傾斜、有陰影，
表示他有衝動傾向、情緒不穩定、有來自人際的情緒困擾。
男生畫得比較小表示尊重女性的決定。

這是41歲男性畫的，
圖形品質不差、傾斜、
筆觸重、頭部有陰影，
表示他的自我要求高、
情緒不穩定、固執壓抑、
有來自人際的困擾。
先畫女生表示重視女性，
但對女性不甚了解。
強調眼睛表示對人執著、重感情。
手、腳簡化表示有無助感，
自我功能無法發揮。

這是大三女生畫的，圖形品質佳、兩人都畫傾斜、頭髮有陰影，
表示她的自我要求高、情緒不穩定、有來自人際的困擾。
女生強調頭部、眼睛，表示重視人際關係、善解人意、重感情。
女生手、腳簡化表示有無助感。
服飾修飾佳表示重視形象，異性需求強，兩性性別角色發展成熟。

這是大二女生畫的，
兩人都畫傾斜、無臉，
表示她不喜歡人群、社交，
有來自人際的情緒困擾。
服飾沒有修飾，表示做事不拘小節。
男女生手腳簡化，
表示某方面有無助感，
自我功能沒有發揮出來。

這是 16 歲女生畫的，兩人都畫傾斜、無雜線，
表示她自我約束高，情緒不穩定。
男女服飾相近、修飾少，表示她個性中性化，做事不拘小節。
完成速度快，表示做事俐落、性急。
強調頭部、有畫耳朵，表示重視人際關係、在乎別人對自己的評價。
先畫男生、大嘴巴，表示重視男性的地位及價值，喜歡開朗、健談的男生。

畫無臉的人

通常畫無臉的人具有離群、自閉的特質。離群的人其畫人特色是整體圖形小，品質不精緻，裝飾少，頭部和眼睛簡化，畫人的速度慢，筆觸稍重，線條不亂，性別角色不明顯、手腳簡化。離群的人不喜歡團體活動，不擅人際社交，喜歡獨處，不多話、與人保持距離，生活不求變化，除非必要，否則不喜人群，比較適合有個人獨立空間的職務。

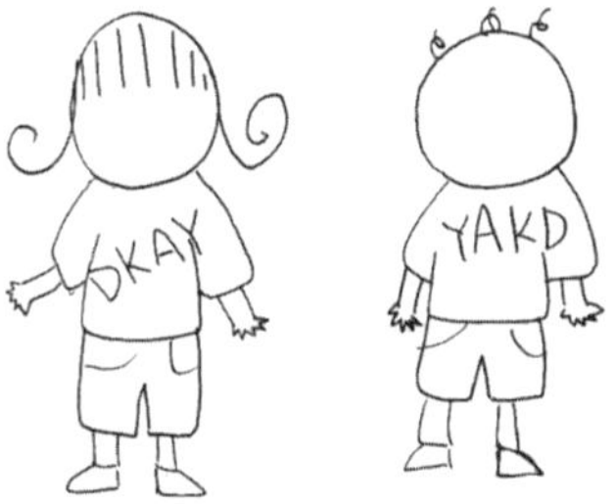

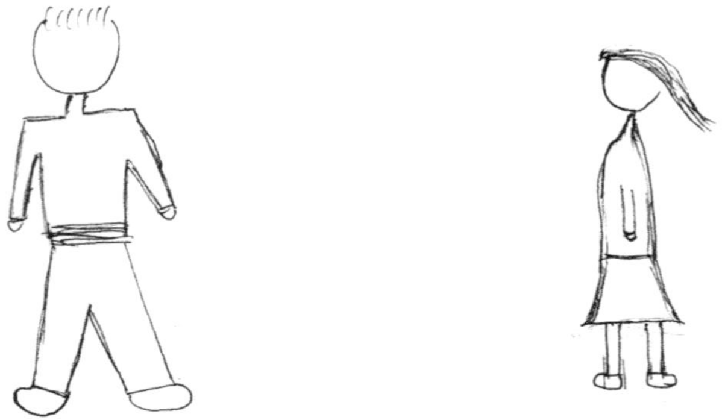

這是大三男生畫的，圖形偏小、筆觸不重、只畫輪廓、有重複線、沒畫五官，表示缺乏自信、自我要求不高、適應不佳，有多慮、缺乏安全感的傾向。
圖形修飾少，表示他是一個缺乏成就需求、消極的人。
女生側面，表示他希望異性以他為中心、崇拜他。
手腳簡化，表示有無助感，自我功能沒有充分發揮。

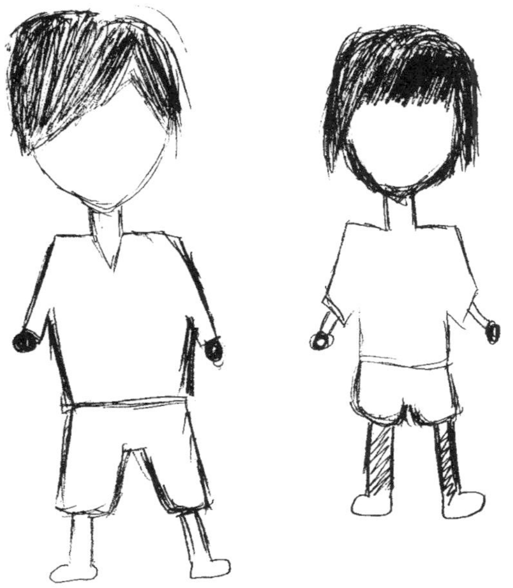

這是16歲女生畫的，
圖形偏左、只畫輪廓、
有重複線、頭髮有陰影、沒畫五官，
表示有適應不良的問題，
有多慮、憂鬱、離群的傾向，
有來自人際的情緒困擾。
男女外型相似、距離相近，
表示個性男性化、需要陪伴、有同性戀傾向，
而且這個問題使她產生憂鬱、適應的困擾。
強調頭部、圖形修飾少，
表示她重視人際關係，做事不拘小節。
手腳簡化，表示有無助感，
自我功能沒有充分發揮。

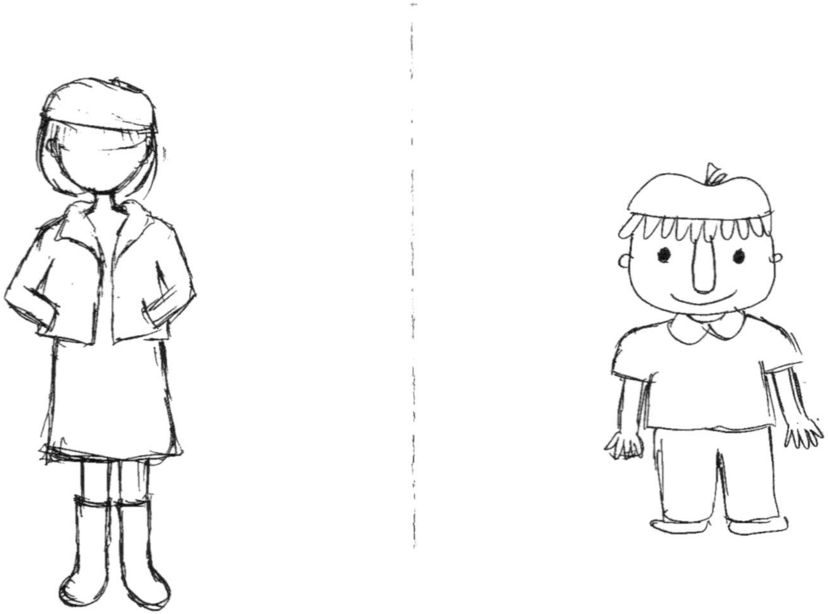

這是大二女生畫的，圖形品質佳、有重複線，表示自我要求高，有多慮、缺乏安全感的傾向。
女生沒畫五官、但服飾端莊，表示成就需求高、負責任、社會成熟度高、自我約束佳但不喜歡面對人群。
服飾修飾少，表示她做事不拘小節。
男生畫得比較小，表示她獨立自主、能幹、不依賴，是一個善於照顧男生的成熟女性。
繪畫前將紙左右對折再畫，表示重視人我之間權利、義務的分界，
不喜歡占別人便宜，也不喜歡別人侵占自己的權益。

這是大二女生畫的，圖形品質佳、有雜線、有陰影，
表示能力好但有焦慮的情緒困擾。
無臉表示不喜歡社交。
男生外型女性化表示她喜歡斯文個性的伴侶。
服飾缺乏修飾表示做事不重細節。

這是碩一女生畫的，圖形品質佳、有雜線、頭髮有陰影、未畫五官，表示自我要求高、聰明、有理想，但有離群的傾向。強調頭髮及服飾修飾，表示有來自人際的無助感，做事重視細節。從女生服飾推測，她是一個成就需求高、遵守社會規範、傳統、安分、負責的女生。從男生服飾推測，她喜歡溫和、輕鬆、沒有壓力型的男生。沒畫手腳，表示有無助感，自我功能沒有充分發揮。繪畫前將紙上下對折再畫，表示重視人我之間權利、義務的分界，不喜歡占別人便宜，也不喜歡別人侵占自己的權益。

畫露牙齒的人

通常畫露牙齒的人會有不同程度的口語攻擊傾向。畫嘴巴愈大、牙齒露多，則會有比較強烈的口語攻擊，例如經常對人出現歧視、偏見、羞辱、損人、不尊重的語言。畫露出一點牙齒的人，則會有比較輕微的口語攻擊，例如出現消遣、挖苦、酸葡萄心理或缺少讚美的言語。總之，會畫露牙齒的人，他們多半是頗愛發表意見的人。

這是 28 歲男生畫的，圖形品質佳但有陰影，表示他做事要求完美但有情緒困擾。男生露牙齒表示有批評、口語攻擊的傾向。男生服飾、姿勢像忍者、筆觸重，表示做事很有毅力和決心，但有些誇張，想法常與眾不同。女生外型差異頗大，表示他視女性為陪襯的角色。

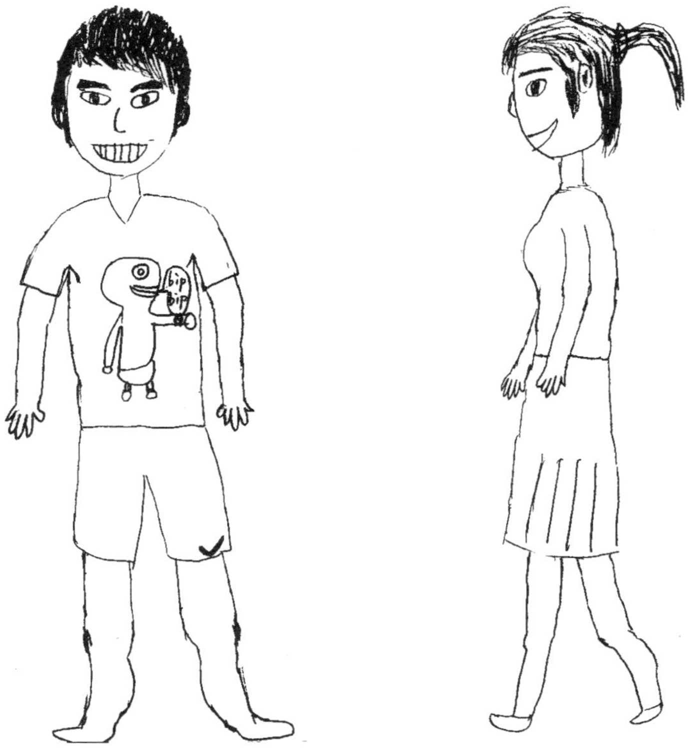

這是大二男生畫的，圖形品質佳、無雜線、頭髮有陰影，表示他的自我要求高但有來自人際的情緒困擾。男生強調頭部、露牙齒，表示對人執著、有口語攻擊。服飾有修飾表示做事重視細節、社會成熟度高。女生服飾傳統、面向男生，表示他喜歡保守、成熟、開朗、以他為中心的女性。腳簡化表示自我功能無法發揮。

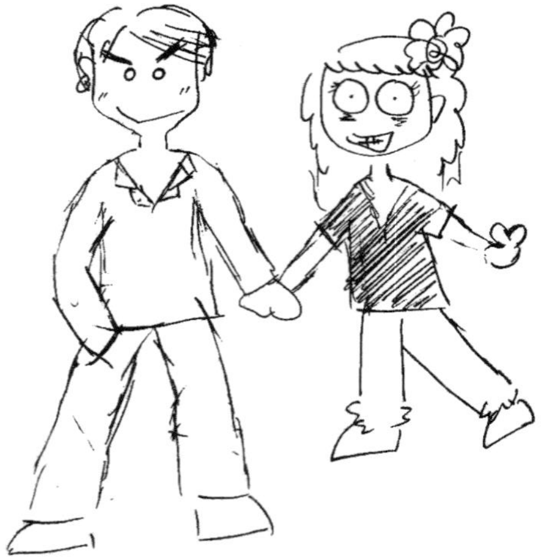

這是大三女生畫的，圖形品質佳、有創意、有陰影，
表示她有藝術天分、但缺乏現實感。
先畫男生而且偏大，表示男生是她生命的重心、願意順從、需要陪伴。
女生服飾褲裝表示能吃苦耐勞。女生露牙齒表示有口語攻擊傾向。
眼睛空洞表示人際技巧不佳、缺乏同理心。

這是高中男生畫的，圖形怪異、筆觸重、有陰影、露牙齒，
表示他是一個怪人、固執、衝動、缺乏安全感，
有口語攻擊的傾向、人際關係不佳、自我定位不佳。
由男生表情推測，他是一個粗暴、易怒、討厭女生、不受歡迎的人。
手腳簡化，表示有適應不良的問題。

這是大二男生畫的，
圖形品質不佳、有雜線、略有陰影，
表示他的自我要求不高、思慮混亂、有焦慮、衝動的困擾。
男生畫得較大表示有一點大男人主義。
男生露牙齒表示喜歡批評、有口語攻擊現象。

適應不良的人

適應不良的人，他們的畫人品質通常不佳，人形有簡化的現象，繪畫也比較草率應付。對學生來說，用畫人測驗評估他們的適應不良狀況，通常會有不錯的效果，準確度可高達八成以上。

這是大三男生畫的，圖形簡化、女生頭髮有陰影，
表示他自我防衛高、無法透露太多訊息，主要的情緒困擾來自女性的角色。
男生沒畫眼睛表示有離群或人際關係差的情況。
整體圖形小表示有人際退縮、自卑的傾向。
圖形簡化表示有適應不良的問題。

這是大二女生畫的，圖形簡化、筆觸輕，
表示她自我防衛高、缺乏自信、刻意不分辨性別，
無法透露太多訊息。男、女牽手表示需要陪伴。
男生肩膀寬表示強壯、被保護的慾望。
圖形簡化有適應不良的問題。

這是大二女生畫的，
骨頭人，表示她自我防衛高、刻意不分辨性別，
無法透露太多訊息。
簡化身體表示適應不良、消極、逃避。
由嘴形推測，她不快樂。
圖形簡化有適應不良的問題。

這是大二男生畫的，圖形簡化、骨頭人，
表示自我防衛高，無法透露太多訊息。
圖形被框住表示能力受到限制、無法發揮。
整體圖形小表示有人際退縮、適應不良的傾向。
無臉表示有來自人際的情緒困擾。

畫背面的人

畫背面的人可能會有逃避、不想面對現實的特質。通常畫背面的人，他的人際關係不佳，有離群或不喜歡面對人群的情況。

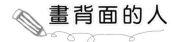

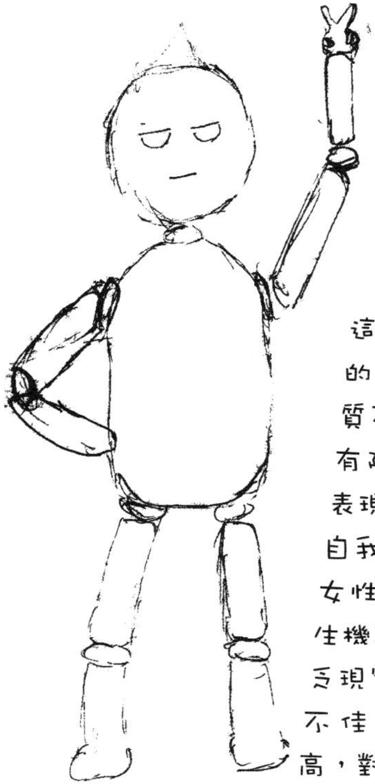

這是大二男生畫的，圖形偏大、品質不佳、筆觸輕、有陰影，表示他有表現的需求、但缺乏自我約束，也有來自女性的情緒困擾。男生機器人畫法，表示缺乏現實感、人際成熟度不佳、社會成熟度不高，對人際和社交興趣缺缺。女生畫背面，表示對女生了解不多。手腳、身體簡化，表示自我功能沒有完全發揮出來。

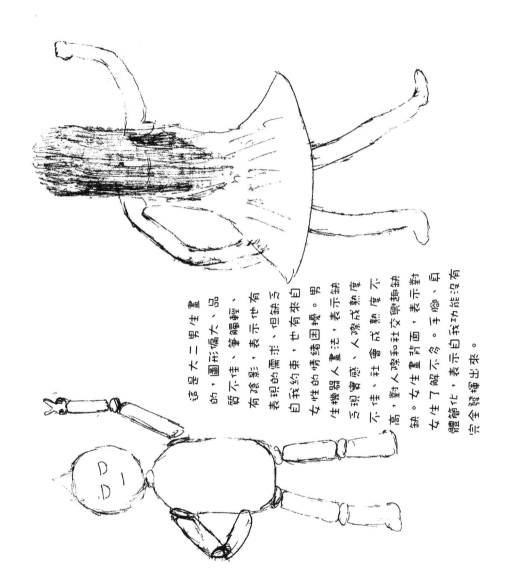

這是碩一男生畫的，圖形偏大、品質不佳、筆觸輕、有陰影，表示他有表現的需求、但缺乏自信，有多慮、離群、缺乏安全感的傾向。從人物外型推測，他是一個感性、浪漫、唯美、虛幻的男生。男生沒畫五官，表示對人際和社交興趣缺缺。女生畫背面，表示不會畫女生的臉孔，喜歡性感的女生、性需求強烈。手腳簡化，表示自我功能沒有完全發揮出來。

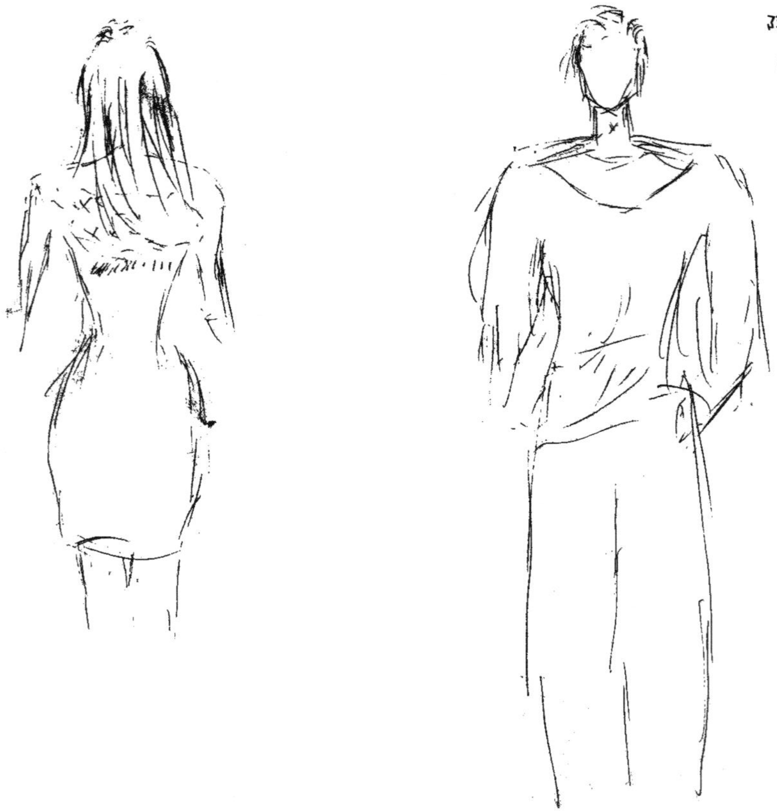

這是大四男生畫的，圖形品質佳、筆觸重、有重複線、有陰影，
表示他要求完美、能力好、但有逃避、憂鬱的情緒困擾。
兩人身著泳裝、肌肉線條清楚，
表示他體力好、性需求強、甚至有性異常的狀態，喜歡肌肉型的伴侶。
兩人背面，表示有很多不能面對人群的問題。
主要的情緒困擾應該來自性愛的部分。

憂鬱的人

憂鬱的人通常伴隨著強迫性格、壓抑及要求完美的特質，因此畫人時會不斷描繪身體邊緣、筆觸較重、雜線也多。發病的憂鬱患者可能會有自殺的意圖，因此人臉五官會透露出負面的表情。

這是大二女生畫的，筆觸非常重、圖形品質佳、有重複線及陰影，
表示有強迫性格、要求完美、壓抑及憂鬱的情緒困擾。先畫男生、外型老成，
表示男生或父親在她心中的地位及價值很重要。
女生手腳簡化表示有無助感。
頭部有陰影表示情緒困擾主要來自人的因素。

這是大三女生畫的，筆觸非常重、圖形品質佳、頭部有陰影，
表示有強迫性格及憂鬱的情緒困擾。
身體邊緣線條重表示有壓抑的情緒。
五官呈現交叉及簡化的現象，表示有不喜歡人及不想接觸人的心理負擔。
頭髮有陰影表示情緒困擾主要來自人際的因素。

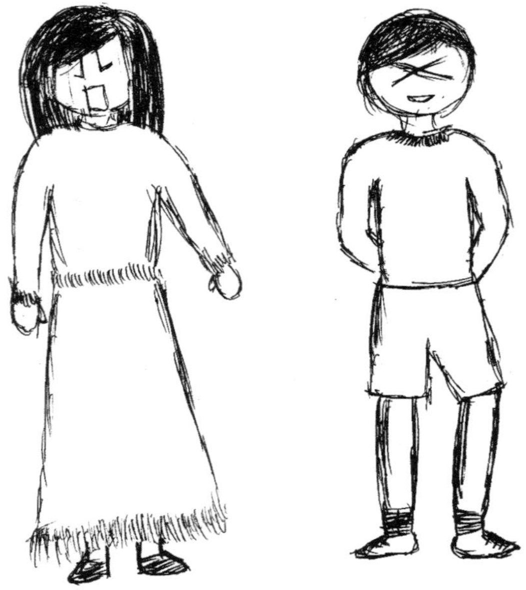

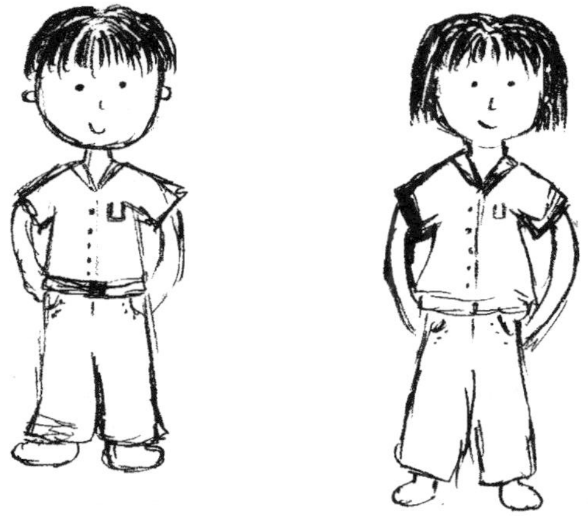

這是大二女生畫的，筆觸重、圖形品質佳、有雜線、身體邊緣描繪重，表示有強迫性格、壓抑、心情混亂及憂鬱的情緒困擾。

男、女外型相似表示她是一個男性化的女性，有同性戀的傾向。

頭髮有陰影表示主要的情緒困擾來自人際或性別角色的因素。

這是大二女生畫的，筆觸重、圖形品質佳、身體邊線描繪重，
表示有焦慮、壓抑及憂鬱的情緒困擾。
先畫男生表示男性在心中扮演重要的角色。
沒畫五官表示有人際疏離的傾向或不喜歡接觸人群的困擾，
主要的情緒困擾來自人際的因素。

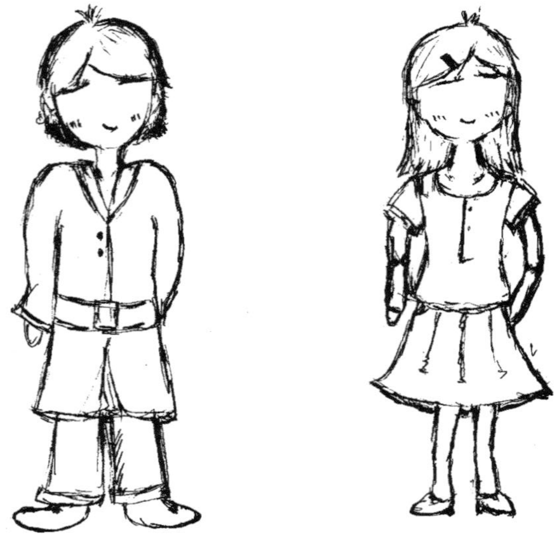

帶武器的人

有攻擊傾向的人通常會在畫中顯露攜帶武器的特徵。例如，手拿刀械或面帶猙獰的表情。有些圖畫中還可明顯讓人感覺到害怕或戰慄的氣氛，例如，或張牙舞爪或滴血的場景。有攻擊傾向的人可能脾氣暴躁、有暴力行為、反社會人格或犯罪傾向。但若將武器藏在身後則有不安全的感覺，是自我防衛的表現。

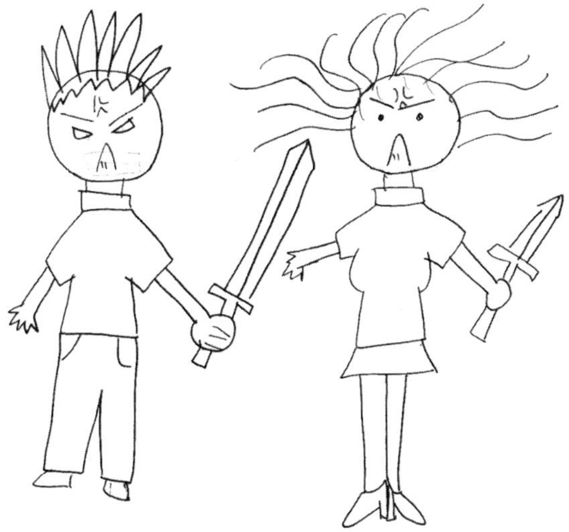

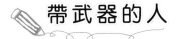

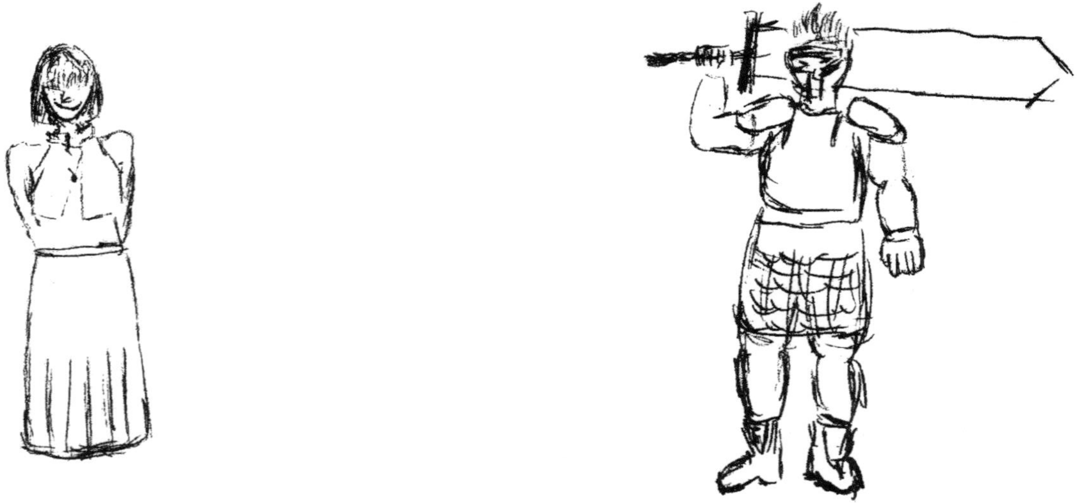

這是大三男生畫的，圖形品質差、有雜線、男生頭部有陰影，
表示自我約束差、想太多、有情緒困擾。
五官不清、表現肌肉、手拿大刀，
表示有失去理智的傾向、希望自己孔武有力、有攻擊、報復的慾望。
女性線條模糊表示想抹去女性在心中的印象。
主要的情緒困擾應該來自女性的背叛。

這是大二女生畫的，圖形偏大、品質佳、陰影多，表示有自信、要求完美、有情緒困擾。女生強調頭部及眼睛、服飾性感、修飾精緻，表示她人際及社會成熟度高、善解人意、重感情、是一個女性特質很強的女生、兩性成熟度高，但對男生的價值觀與眾不同。男生服飾都是陰影、手持大刀放在背後、西裝筆挺，表示男生給她的感覺類似衣冠禽獸、笑裡藏刀，或她有被保護的需求。

這是大三男生畫的，品質不差但陰影多，
表示他自我要求高但有脫離現實的情緒困擾。
女生修飾佳但無腳、男生張牙舞爪，
表示他有衝動、憤世嫉俗、攻擊傾向，可能正處於失戀中。
筆觸重、雜線多、圖形偏小，
表示他目前情緒混亂、鑽牛角尖、有人際退縮的狀況。

這是大四男生畫的，圖形大、品質差、不像人、出現牙齒及尖指甲，
表示做事不畏懼、缺乏自我約束、有口語攻擊、甚至有暴力傾向、對人有憎恨及仇視。
眼睛空洞表示缺乏同理心。
尖指甲滴血表示有反社會人格及犯罪的傾向。

這是大五男生畫的，圖形品質佳、筆觸重、有雜線，
表示要求完美、執著、強迫、憤世嫉俗。
從圖形畫風來看，他是一個聰明、具有藝術天分、
有創意、成就需求高、事業心重的男生。
男生強調眼睛及服飾細節，
表示他社會成熟度高、善解人意、重視形象、
做事重細節、事業心重。
女生側面、拿菜刀、修飾細膩，
表示對女生了解深入，
但可能處於感情被脅迫的狀態，
情緒異常憂鬱。

7

結果的應用

畫人測驗的功能

雖然過去畫人測驗大多應用在測量兒童的 IQ，但當畫人測驗作投射技術使用時，可將其應用在一般人的情緒及性格方面的評估及解釋。畫人測驗的整體解釋及配合細部的判斷，無論對臨床、諮商工作者、教師、輔導人員，乃至企業、人資主管，都能有效發揮其驚人的功能。本書主要敘述的樣本就是實際應用在臨床、諮商、輔導或企業的範例。

在學校輔導的應用

當畫人測驗應用在大學生時，可有效偵測其情緒困擾及適應不良的狀況。當應用在學校準畢業生時，可幫助學生了解最適合自己個性的職業類型。或當應用在學校諮商、輔導時，能快速準確地切入問題核心，更能以此為工具與個案建立良好的互動關係。

在工商企業的應用

當畫人測驗應用在工商企業時更能發揮畫龍點睛的效果。隨著科技發達、知識爆炸的時代來臨時，針對應徵者適合的職位及其人格特質外，情緒狀態更是企業機構關心的一環。一般公司以人格測驗甄選員工時，可能會因為應徵者作假或刻意符合社會期許而導致測驗結果不準確，因此企業機構仍無法快速、有效地掌握應徵者的真正特質及潛能。而畫人測驗則可有效降低應徵者作假的情況，並能有效評估應徵者的人際技巧、情緒狀態及適配的職業類型。

在臨床心理的應用

有些臨床工作者喜歡與個案討論畫人測驗的結果解釋，甚至藉此和個案互動來作治療，以了解繪畫對個案的意義。在這種較具互動性的治療取向中，繪畫本身是一個可用來了解個案內在經驗的投射工具，因而可建立良好信任的投契關係，或甚至可達到治療性的目的，如解決問題、揭露潛意識或催化宣洩等功能。

在小學生的應用

過去研究發現畫人測驗可有效評估 6 至 12 歲兒童的IQ，但由於現在的兒童情緒問題日益嚴重，因此繪畫品質經常隨心情起伏而干擾，導致無法精確測量他們的 IQ，但仍可作智能不足的粗略篩檢（劉恒嘉、朱錦鳳，2010）。由於兒童的特質仍處於發展階段，會隨時間、環境及學習再作改變，因此針對兒童人格特質的評估，畫人測驗仍僅限於解釋當時的特質狀態，而不過分作推論或預測。當畫人測驗應用在國小學童，可幫助家長及學校老師了解孩子的社會成熟度、認知能力發展、人際關係及情緒問題等。若能與家長同時施測，還可評量親子關係及提供教養策略的建議。有關兒童畫人測驗的應用及範例將在下一本書詳細探討，請拭目以待。

在國中生的應用

國內的國中生在畫人的表現較為壓抑，可能與青春期的自我防衛及退縮、害羞有關，因此畫人能透露的訊息有限，畫人的風格也比較不穩定，但仍可歸納出某些人格特質，如叛逆型、乖乖型、領導型、藝術型、衝動型或退縮型等，也能偵測出情緒困擾、異常行為或適應不良的個案（朱世露、朱錦鳳，2010）。

在大學生的應用

大學生在社會成熟度、認知型態、情緒狀態、人際關係、性別角色認同及人格特質各方面的發展都漸趨穩定，對自我的定位、角色扮演及追求目標也漸趨清晰，因此大學生在畫人測驗所透露的訊息是最完整充分的，測驗結果解釋也最具預測性。因此當畫人測驗應用於大學生，無論在諮商輔導、生涯發展或師生關係都能發揮最顯著的成效（朱錦鳳，2008、2009、2010a、2010b）。

畫人測驗的穩定性

畫人測驗的穩定性，就是指畫人測驗的再測信度。一般而言，年級愈小的兒童其畫人的穩定性愈低，但仍有相當程度的一致性。大學生的畫人穩定度已可高達八成以上，通常大學生隨著年級增加，第二次畫人的圖形大小普遍比第一次的圖形大，顯示樣本有隨時間改變而漸漸變得較有自信且勇於表現。換言之，只要人格特質與情緒狀態維持穩定，基本上畫人測驗的結果解釋不會有太大差異。對一般成人更有高達九成的人，其前後兩次勾勒的人形及整體是相似的。

超好用的畫人術

雖然過去畫人測驗的研究結果不一，但投射性畫人測驗仍持續受到歡迎。主要理由是畫人測驗方便施測，不僅不受環境、場地的限制，也不受資格、題本的限制，只需一張 A4 白紙、一枝鉛筆和一個橡皮擦即可完成，而其應用範圍也是彈性、多樣化的。只要在解釋技巧加以培訓及練習，多半其精準度可到達六成以上的效度。

整體解釋

畫人測驗本身並沒有題本，過去曾有許多研究對畫人測驗的計分系統作諸多努力，主要目的都希望該測驗能被更廣泛地使用。本書主要是以筆者發展的整體解釋系統為依據。這套系統與過去計分系統的最大差異是，可針對一般正常人運用在各年齡層及各用途的解釋，而過去的解釋系統主要用於臨床個案。

畫人測驗是一個方便且有趣的評量工具，投射性畫人測驗更是一個非常精緻且敏銳的衡鑑工具（Hammer, 1968）。從早期畫人測驗應用在評量兒童的智能，至近代應用在情緒障礙、適應不良、衝動、腦傷等個案衡鑑，無不顯示畫人測驗在臨床方面的全方位及實務應用的貢獻。畫人測驗目前在美國使用得非常普遍，但在國內卻很少見。

總之，畫人測驗是一個方便施測且可發揮多功能的投射技術。本書的主要目的就是將畫人測驗當作投射技術使用，針對各個年齡層的一般人或個案，以重點部位計分並配合整體解釋，來評估人們的社會成熟度、認知發展、人際互動技巧、人格特質、環境適應、情緒困擾等多方面的整體評量。

參考文獻

小林重雄（1977）。**グッドナフ人物畫知能檢查ハンドブック三京房**。日本：東京。

朱世露、朱錦鳳（2010）。**比較不同文化在人測驗結果的差異**。2010 年中國測驗學會年會。台北，台灣。

朱錦鳳（2008）。**畫人測驗在情緒評估的應用**。2008 年中國測驗學會年會暨學術研討會論文報告。台北，台灣。

朱錦鳳（2009）。**畫人測驗在人格投射的應用**。2009 年第 48 屆台灣心理學年會論文報告。台北，台灣。

朱錦鳳（2010a）。**畫人測驗整體解釋系統的發展**。東吳大學理學院教學與研究觀摩會論文報告。台北，台灣。

朱錦鳳（2010b）。**畫人測驗在生涯規劃及諮商輔導的應用**。2010 年學習、教學、與評量：生涯發展取向國際研討會論文報告。台北，台灣。

邱紹春（1997）。**中華畫人測驗指導手冊**。台北：心理。

劉恒嘉、朱錦鳳（2010）。**比較一般及智障生在畫人測驗的結果差異**。2010 年中國測驗學會年會。台北，台灣。

Geldard, K., & Geldard, D. (2002). *Counselling children: A practical introduction* (2nd ed.). London: Sage.

Gilbert, J. G., & Hall, M. R. (1962). Changes with age in human figure drawing. *Journal of Gerontology, 17,* 397-404.

Goodenough, F. L. (1926). *Measurement of intelligence by drawing*. New York: World Book.

Hammer, E. F. (1968). Projective drawings. In A. I. Rabin (Ed.), *Projective techniques in personality assessment* (pp. 366-393). New York: Springer.

Harris, D. B. (1963). *Children's drawings as measures of intellectual maturity*. New York: Harcourt, Brace & World.

Kahill, S. (1984). Human figure drawing in adults: An update of the empirical evidence. *Canadian Psychology, 25*, 269-292.

Machover, K. A. (1949). *Personality projection in the drawing of a human figure*. Springfield, IL: Charles C. Thomas.

Maloney, M. P., & Glasser, A. (1982). An evaluation of the clinical utility of the draw-a-person test. *Journal of Clinical Psychology, 38*(1), 183-190.

McLachlan, J. F., & Head, V. B. (1974) An impairment rating scale for human figure drawings. *Journal of Clinical Psychology, 30*(3), 405-407.

Naglieri, J. A. (1988). *Draw-a-person: A quantitative scoring system*. The Psychological Corporation Harcourt Brace Jovanovich.

Naglieri, J. A., McNeish, T. J., & Bardos, A. N. (1991). *Draw a person: Screening procedure for emotional disturbance*. Austin: ProEd.

Oas, P. (1984). Validity of the draw-a-person and Bender Gestalt as measures of impulsivity with adolescents. *Journal of Consulting and Clinical Psychol ogy, 52*, 1011-1019.

Oster, G. D., & Gould, P. (1987). *Using drawings in assessment and therapy*. New York, NY: Brunner/Mazel.

Ottenbacher, K. (1981). An investigation of self-concept and body image in the mentally retarded. *Journal of Clinical Psychology, 37*(2), 415-418.

Reitan, R. M., & Wolfson, D. (1993). *The Halstead-Reitan neuropsychological test battery: Theory and clinical interpretation* (2nd ed.) Tucson, AZ: Neuropsychology Press.

Roback, H. B. (1968). Human figure drawings: Their utility in the clinical psychologist's armamentarium for personality assessment. *Psychological Bulletin,*

70(1), 1-19.

Saarni, C., & Azara, V. (1977). Developmental analysis of human figure drawings in adolescence, young adulthood, and middle age. *Journal of Personality assessment, 41*(1), 31-38.

Shaffer, J. W., Duszynski, K. R., & Thomas, C. B. (1984). A comparison of three methods for scoring figure drawings. *Journal of Personality Assessment, 48* (3), 245-254.

Swensen, C. H. (1968). Empirical evaluations of human figure drawings: 1957-1966. *Psychological Bulletin, 70*(1), 20-44.

Van Hutton, V. (1994). *House-tree-person and draw-a-person as measures of abuse in children: A quantitative scoring system*. odessa, Fla: Psychological Assessment Resources.

Waldman, T. L., Silber, D. E., Holmstrom, R. W., & Karp, S. A. (1994). Personality characteristics of incest survivors on the draw-a-person questionnaire. *Journal of Personality Assessment, 63*(1), 97-104.

國家圖書館出版品預行編目（CIP）資料

畫人測驗的實作與解讀／朱錦鳳著.
--初版. -- 臺北市：心理, 2010.09
面； 公分. --（心靈探索系列；12012）
參考書目：面

ISBN 978-986-191-381-0（平裝）

1. 心理測驗 2. 人格測驗與評鑑

179.6 99015193

心靈探索系列 12012
畫人測驗的實作與解讀

作　　者：朱錦鳳
執行編輯：李光苑
總 編 輯：林敬堯
發 行 人：洪有義
出 版 者：心理出版社股份有限公司
地　　址：231026 新北市新店區光明街 288 號 7 樓
電　　話：(02) 29150566
傳　　真：(02) 29152928
郵撥帳號：19293172 心理出版社股份有限公司
網　　址：https://www.psy.com.tw
電子信箱：psychoco@ms15.hinet.net
排 版 者：龍虎電腦排版股份有限公司
印 刷 者：竹陞印刷企業有限公司
初版一刷：2010 年 9 月
初版五刷：2023 年 9 月
I S B N：978-986-191-381-0
定　　價：新台幣 350 元